U0568131

安徽省文物局 编

江淮遗珍

安徽省全国重点文物保护单位巡礼

文物出版社

封面题签：陈建国
装帧设计：姚敏苏
责任印制：王少华
责任编辑：姚敏苏　李　莉

图书在版编目（CIP）数据

江淮遗珍：安徽省全国重点文物保护单位巡礼／安徽省文物局编.－北京：文物出版社，2007.6

ISBN 978－7－5010－2198－7

I. 江… II.安… III.文化遗址－名胜古迹－简介－安徽省 IV.K928.72

中国版本图书馆 CIP 数据核字（2007）第 072186 号

江淮遗珍

——安徽省全国重点文物保护单位巡礼

安徽省文物局 编

文物出版社出版发行

（北京市东直门内北小街 2 号楼 邮编：100007）
http://www.wenwu.com
E-mail:web@wenwu.com

制版　北京文博利奥印刷有限公司
印刷　文物出版社印刷厂
经销　新华书店
开本　889 × 1194 毫米　1/16
印张　11.25
版次　2007 年 6 月第 1 版
印次　2007 年 6 月第 1 次印刷
书号　ISBN 978－7－5010－2198－7
定价　228.00 元

目　　录

保护文物遗产　守望精神家园

安徽，山河壮丽，地腴物丰，历史悠久，人文荟萃，文物古迹众多。早在三四十万年前，便已有原始人类的活动。至公元前21世纪，大禹会诸侯于涂山（今安徽蚌埠市），标志着氏族社会的解体，文明时代的来到。数千年来，安徽一直为南北文化的传播交汇区，衔接各方的通衢之所，兵家争夺的战略要地。尤其是东晋和南宋两次大的人口迁移，加速了境内的开发，逐渐形成皖北、皖中、皖南三区各具特色的自然经济。境内历代以农为本，五业兴旺，手工业门类齐全，各类土特产品丰富，经济繁盛，人口众多，城市密集。至今，留下了大量绚丽多姿的文物古迹。

安徽境内的文物十分丰富。据1986年全省文物普查时统计，安徽拥有各种地面文物1.17万多处，馆藏文物30多万件，位居全国文物资源大省之列。纵观这些文物的特点，一是历史悠久，延绵不断。从距今几十万年的旧石器时代开始到近现代，各个时期的文物没有缺环，具有相连发展的序列。二是品类齐全，内涵丰富。从馆藏文物到不可移动文物，各类文物古迹丰富多彩，一应俱全。三是品位甚高，价值连城。不可移动文物中，薛家岗遗址、凌家滩遗址、皖南古铜矿、古窑址、近现代革命旧址、皖籍名人名胜等，各领风骚，自成系列。文物保护单位有古遗址、古墓葬、古建筑、石窟寺及石刻，以及近现代重要史迹及代表性建筑等五大类，千姿百态，各具特色。

古遗址，历史悠久，源远流长。有古文化聚落遗址、古城址、古寨堡、古瓷窑址、古矿冶遗址等类型，遍布大江南北。境内有淮南猴泉山、南陵南陵湖、潜山望虎墩和痘姆等一大批从太古界到新生界的标准地层和化石埋藏点，是探索地史运动和生物演化奥秘的重要科学依据。古聚落遗址有2000多处，包括旧石器时代、新石器时代和夏商周等历史时期。属于旧石器时代的重要遗址，有和县龙潭洞猿人遗址、巢湖银山智人遗址，以及宣城陈山、巢湖望城岗等旧石器出土地点。这些遗址蕴藏着丰富的人类化石、动物化石和各类打制石器，为了解古人类体质进化过程和生存环境提供了重要信息。新石器时代的遗址，以沿淮、江淮居多。重要遗址，有濉溪石山孜、蚌埠双墩、繁昌缪墩、定远侯家寨、亳州傅庄、萧县花家寺、蒙城尉迟寺、潜山薛家岗、含山凌家滩、安庆张四墩、肥西古埂和黄山市黄山区蒋家山等。春秋战国时期，淮河流域出现了一大批城市，至汉代皖地已设置郡县城七十余座，随着城市的变迁兴废，至今仍存有历代古城址数百座。古城址以战国、汉魏、六朝时期居多，大多分布在淮北和江淮之间。古城址中，有属于古代都城的寿春城、明中都遗址，先秦方国古城的钟离城、东城都，秦汉郡县城的临涣城、蕲县城、芜湖楚王城等；明清古城有歙县城、寿县古城等。六朝至唐宋时期，境内陶瓷手工业发展兴盛，在南青北白瓷系的影响下，各地出现一批烧制多种釉色瓷器的民窑。现存窑址有列为唐代六大名窑的寿州窑、霍山下符桥窑、庐江果树窑、繁昌柯家村窑、绩溪霞间窑、泾县琴溪窑、芜湖东门渡宋代“宣州官窑”等。境内金属矿产资源丰富，早在商周时期即已开采。西汉时，今铜陵、怀宁分别设有铜官和铁官；六朝至唐宋设有梅埂（根）冶、利国监、宛陵监、永丰监和同安监，利用铜铁资源，开矿冶炼，铸造钱币。铜矿遗址主要分布在长江两岸，时代为西周至唐宋，以南陵、铜陵等地遗址分布最为密集，其中大工山—凤凰山铜矿遗址范围巨大，为国内最大的铜矿遗址群。

古墓葬，星罗棋布，数量众多。有零星墓葬、墓群和名人墓葬等类，上自新石器时代，下至明清。境内古墓葬形制多样，有历代沿袭的土坑竖穴墓，流行于战国秦汉的木椁墓、石椁墓和空心砖墓，盛行于东汉、魏晋的画像石墓，具有吴越文化特点的土墩墓，以及汉以后出现的砖室墓。古墓葬的分布在不同区域特点不一。淮北古代经济发达、人口密集，战国、汉魏墓葬较多；江淮之间寿县、六安、潜山、舒城、巢湖一带，城市兴起较早，除战国、汉代墓葬大量分布，南北朝、唐宋墓葬也有广泛分布；皖南地区以先秦土墩墓、三国两晋南北朝墓葬为主。境内古墓群有上千处，有氏族公共墓地、宗族或家族墓群、贵族官僚墓群和平民墓群。新石器时代的墓葬，多为氏族墓地，在各遗址中均有发现。商周时期的墓葬，在颍上王岗、赵集，濉溪化家湖等地有零星分布。春秋战国时期的重要墓群，有寿县西圈、双桥，长丰杨庙、六安城北窑厂、潜山彰法山、亳州曹家岗、后铁营、舒城秦家桥和枞阳旗山等。土墩墓流行西周至战国，分布于皖南沿江丘陵地区，以南陵、繁昌最为密集。重要墓群，有南陵千峰山、繁昌万牛墩、宣州洪林等。汉魏墓群在全省广泛分布，重要墓群，有潜山彭岭、六安城北、六安双墩、寿县北山、东津渡、天长安乐、天长三角圩、长丰杨庙、全椒梅花龚、舒城凤凰嘴、霍山迎驾、宿州褚兰、固镇濠城和亳州曹氏家族墓群等。魏晋南北朝时期，北方大墓群较少，皖中、皖南较多。重要墓群，有潜山马道岗、南陵麻桥、长山、马鞍山佳山、歙县稠墅与和县戚桥等。唐宋以后，家族墓群兴起，有合肥包拯家族墓群、六安嵩寮岩宋代家族墓、凤阳余庄明代家族墓群以及一大批历史名人墓葬等。

古建筑及历史纪念建筑物，种类繁多，各具特色。有古代民居村落、寺观庵堂、楼台亭阁、文庙书院、祠堂会馆、古塔牌坊、桥梁关寨，以及名人故居祠宇等。以皖南民居为代表的徽派建筑，与当地独特的青山绿水交相辉映，被誉为中国建筑史上的一朵奇葩。皖南明清建筑，以民居、牌坊、祠堂为代表，号称徽派建筑三绝。历史纪念建筑物，是专门为纪念历代先哲、各类名人所建的专祠、故居等。专祠，有蒙城庄子祠、寿县孙公祠、颍上管鲍祠、东至陶公祠、亳州华祖庵、合肥包公祠、无为米公祠、和县陋室、泾县踏歌岸阁、和县霸王祠、阜阳刘公祠等。故居，有珠算家程大位故居、书法家邓石如铁砚山房、画家黄宾虹故居、宿州探花府等。其他古建筑，有宋明以来的桥梁五十多座，以及五河沫河口关卡、贵池杏花村古井、祁门余庆堂古戏台、亳州江宁会馆、古地道，以及明清手工作坊、商铺等。

古代石刻，浩如烟海，遍布各地。有摩崖石刻、碑碣、墓葬石刻、石窟寺和造像等。摩崖石刻大多分布在风光旖旎、环境优美的名山大川与幽深古洞内，多为古代文人雅士游山探秘题录。如休宁齐云山、枞阳浮山、贵池齐山、万罗山、桃花坞、宿松小孤山、滁州琅琊山、凤阳玉蟹泉、潜山山谷流泉、青阳刘冲以及石台鱼龙洞、广德太极洞、宣州三元洞、龙泉洞等石刻，内容多为题名、记事、写景、咏物等，肇起隋唐，兴于宋元明清各代。有孟郊、白居易、黄庭坚、范仲淹、王安石、苏轼、欧阳修、包拯、陆游、赵之升、王守仁等众多名家题刻，镌刻细腻，其草隶篆行楷各体俱备，堪称书法艺术的宝库。

安徽具有光荣的革命传统，境内分布众多的革命旧址和纪念建筑物，有旧址、故居、烈士陵墓、纪念专祠、战场、学校、邮局、遗迹等不同的遗存类型，集中反映了近现代安徽革命斗争的史迹。近现代重要史迹，清末有枞阳太平天国会议旧址、绩溪旺川太平军攻城壁画、安庆太平天国英王府、涡阳捻军会盟旧址、涡阳捻军首领张乐行故居等；辛亥革命时期，有熊成基起义安庆会议旧址、桐城吴樾故居、桐城施从云墓等。“五四”运动以来的重要革命旧址，土地革命战争时期，有阜阳“四九”暴动旧址、金寨立夏节起义旧址、列宁小学、赤城县邮电局、六安独山暴动指挥部旧址、六安苏家埠战斗旧址、黟县皖南苏区江边特区革命委员会旧址、岳西红军三十四师司令部旧址等；抗日战争时期，有徽州南方八省游击队集中地旧址、金寨中共鄂豫皖区委员会旧址、泾县云岭新四军军部旧址、涡阳新四军四师司令部旧址、无为新四军七师司令部旧址等；解放战争时期，有濉溪淮海战役总前委旧址、肥东瑶岗渡江战役总前委旧址、枞阳渡江战役中线指挥部旧址等。属于这一时期的名人故居、墓葬，有巢湖冯玉祥故居、张治中故居、泾县王稼祥故居、绩溪胡适故居、安庆陈独秀墓等。这些重要史迹，朴实无华，经过血与火的洗炼，是教育后人宝贵的精神财富。

安徽上述丰富的历史文化遗产，是建设和谐社会，推动安徽经济社会发展和社会事业进步不可再生的文化资源，具有十分重大的现实意义和深远的历史意义。众所周知，物质文化遗产不仅具有补充历史、验证历史、修正历史的重要作用，是历代人民聪明才智和科技进步的重要反映，同时作为一种客观的物质存在，它在当今经济社会的发展中能够在发展旅游经济、丰富人民的精神文化生活中发挥着不可替代的作用。中华民族的文化发展，中国社会的辉煌历史，无不依赖林林总总的文化遗产为依托、为见证，据不完全统计，近几年我国发展旅游经济创造的价值，绝大部分就是利用文化遗产而获得的，至于文化遗产在宣传爱国主义和革命传统教育方面对我国人民的精神文化所产生的潜移默化的巨大作用，更是难以估量，不容忽视。

依法保护我省各地尚存的各种文化遗产，是法律赋予我们文物工作者的神圣职责，是一项功在当代、惠及子孙的伟大事业，我省每一个文物工作者都要充分认识到自己所承担的历史使命和光荣职责，要以改革创新的科学精神和积极进取的工作态度来做好文物管理的每一项工作，以切实履行自己应尽的责任，为加快安徽发展、构建社会主义和谐社会做出我们应有的贡献。为了加强对我省文化遗产的宣传工作，安徽省文物局将采取一系列有力措施，努力实现知识创新和制度创新。这次出版的《江淮遗珍——安徽省全国重点文物保护单位巡礼》，就是一次利用出版物宣传文化遗产的形式。参与编辑的诸位同志都是安徽省文物局的中青年骨干，他们利用完成文物管理众多日常工作的业余时间，仅仅用了一个多月时间，就把全省58处全国重点文物保护单位（包括两处合并项目）的材料汇编成书，向社会各界提供了典雅文明的精神食粮，这是令人十分欣慰并值得肯定的事情。

在《江淮遗珍——安徽省全国重点文物保护单位巡礼》出版之际，我相信在党和政府的关心支持下，我省的文物事业将会得到很大的发展。我衷心祝愿我省的文物工作者不断创造辉煌，不负党和人民的期望。

2007年5月6日

安徽省全国重点文物保护单位分布示意图

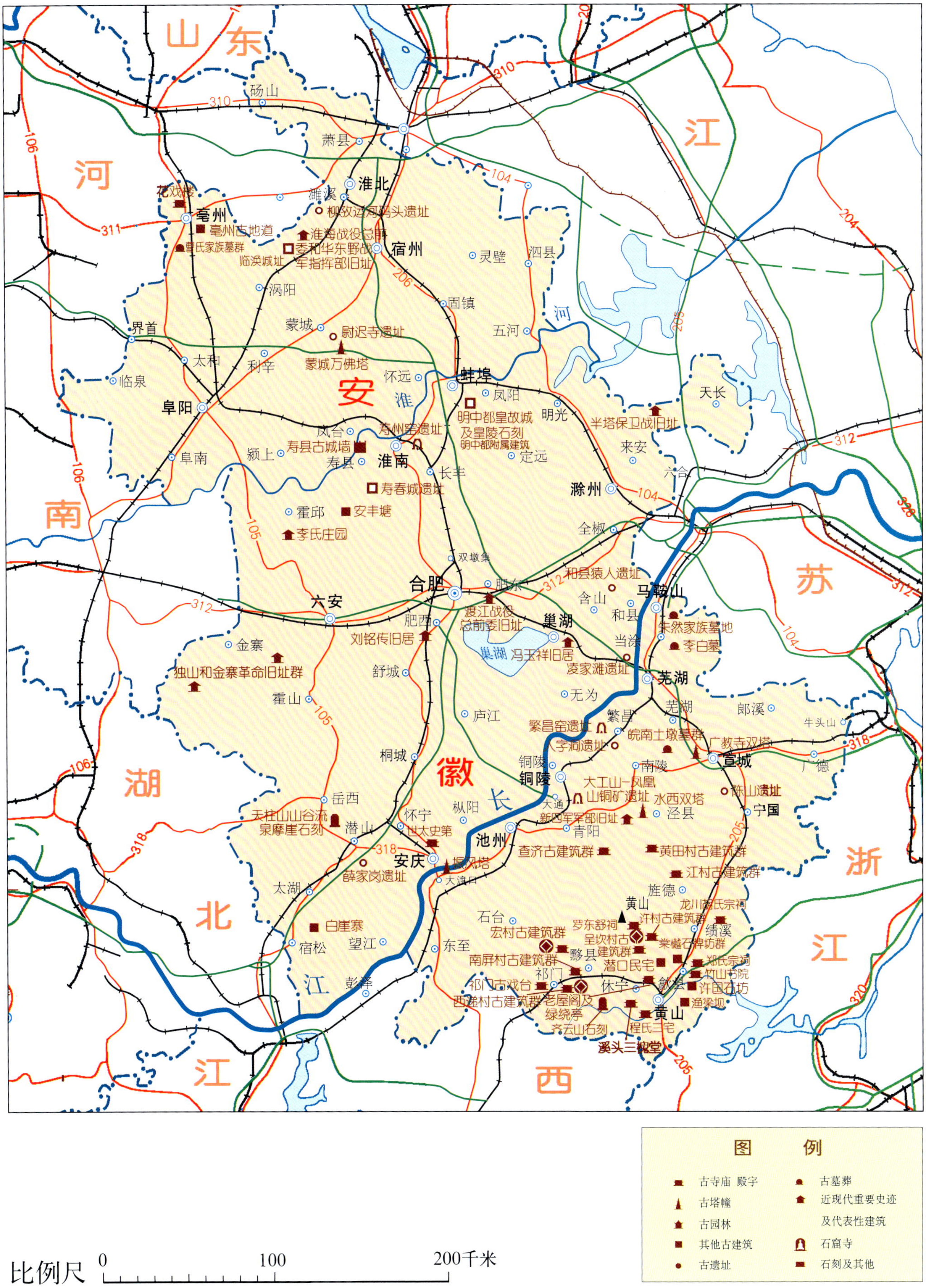

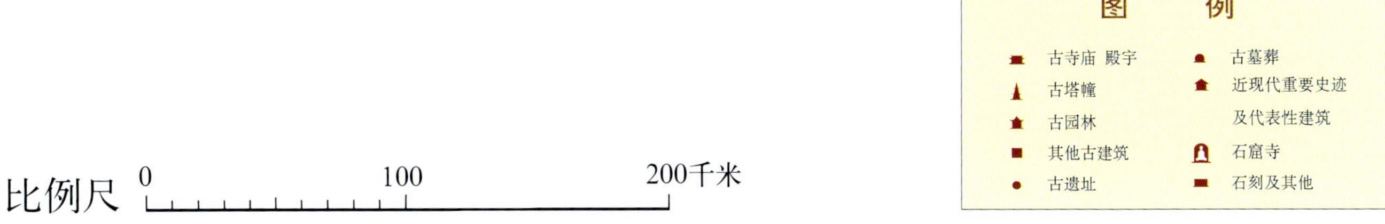

安徽省
全国重点文物保护单位

分类标志

● 古遗址

● 古墓葬

● 古建筑

● 石窟寺及石刻

● 近现代重要史迹及代表性建筑

刘铭传旧居

刘铭传旧居，俗称刘老圩，位于肥西县大潜山西北麓约2公里处。建于清同治七年（1868年），是刘铭传在北方剿捻后兴建的淮军将领庄园之一。

刘铭传旧居平面呈南北长东西略短的矩形，金河环绕而过，三面环山，占地百余亩。圩内南部为生活居住区，北部水堰中有大小两座小岛，圩四周有一条宽约10～15米的护圩濠沟。外濠内东南东北各有一座大吊桥，两吊桥处均有两层门楼各七间；进门楼后是内濠，又有三座吊桥、三座门楼。濠内侧砌有石围墙，围墙转角处筑有碉楼，有房屋建筑约三百间。

建筑正大厅为三进，每进十三间，头进与二进天井院内是回廊包厢，第三进为两层堂楼；正厅面对连接外濠的月牙塘，月牙塘中有长方形花圃，四周雕刻石栏杆，两边有石桥相连。正厅西南角是西洋楼，三间两层，为藏书楼。正厅北面为钢叉楼，五间两层，此楼有“压邪镇圩”之意。钢叉楼后建有“盘亭”，亭内原存放西周时期的著名青铜器——虢季子白盘。建筑均为排山排柱，雕梁画栋。1950年解放军部队

大堰和读书岛

九间厅轩内木雕

旧居大门和两侧外濠

原九间厅仅存的五间正厅

进驻刘老圩后，对圩内大部分建筑进行了改建或新建，原有建筑仅存三幢（十七间），改造后旧房三幢（十二间），自然环境依旧。

刘铭传，字省三，清道光十六年七月二十七日（1836年9月7日）生。同治元年（1862年）李鸿章募淮军，刘铭传率练勇至上海，号“铭字营”，与太平军作战，屡战升为副将。

清光绪十年（1884年）中法战争爆发，清廷急召刘铭传进京，遂赴台抗法。在刘铭传领导下，历经10个月，取得了抗法保台战斗的胜利。光绪十一年（1885年）台湾建省，刘铭传出任第一任台湾巡抚。他在台湾推行“办防、清赋、抚番”几项“急务”，实现全台政令的统一。刘铭传在台期间，为台湾的开发和建设作出了积极的贡献，为台湾近代化奠定了基础，被称为“台湾近代之父”。

刘老圩是刘铭传现存的唯一旧居，规模庞大，建筑整体以清末官宦乡间庄园风格为主，集防御、生活、休闲为一体，充分体现了这一时期的庄园建筑风格，在江淮地区极具代表性。刘铭传在光绪十七年（1891年）因病从台湾离任后，返回故乡休养就住在这里。

刘铭传旧居2006年由国务院公布为第六批全国重点文物保护单位。

渡江战役总前委旧址

渡江战役总前委旧址位于肥东县撮镇镇瑶岗村。1949年3～4月，邓小平、陈毅率渡江战役总前委机关进驻瑶岗，在这里运筹帷幄，指挥了震惊中外的渡江战役。

渡江战役总前委旧址包括总前委旧址、中共中央华东局旧址、总前委参谋处旧址、机要处旧址、秘书处旧址、后勤处旧址、警卫营旧址、医院旧址。

总前委旧址：清末建筑。三进四厢，两座四合院。原是清末五品顶戴王景贤的宅第。房子屏门隔扇，铺木地板，雕梁画栋，古朴典雅。一进正屋东为陈毅卧室，西边一间是舒同卧室，最西边一间是刘伯承卧室，两侧厢房是警卫人员居室。二进正厅是总前委会议室。

邓小平卧室：总前委旧址第二进的东间。室内按原状陈列着架子床和一套西式办公桌，还有邓小平当年用过的一盏煤油灯。这盏灯是邓小平离开瑶岗时送给房东的，十分珍贵。

机要处旧址：清末建筑。三进四厢，两座四合院，原是王景贤二弟的宅第。

渡江战役总前委旧址

防空洞：深约6米，面积约60平方米，中间留有圆形土柱。总前委在瑶岗时期，国民党军队经常派飞机空袭这一带。为防国民党飞机空袭，开挖了这个防空洞。

墩塘遗址：墩塘中央有一土墩，墩上有一飞檐翘角古朴典雅的凉亭，原是王景贤家人夏季纳凉之处。总前委进驻瑶岗后，邓小平、陈毅等领导人经常在这里谈兵论政、下棋休闲。

华东局旧址：为两进两厢四合院。门上方的“中共中央华东局瑶岗村旧址”匾额，是原华东局第三书记魏文伯题写。第一进为时任华东局书记饶漱石、华东局常委、组织部长张鼎丞和财委主任曾山的办公和住处，第二进是会议室和工作人员办公和住处。

总前委参谋处旧址：清末建筑。为四合院，青砖小瓦、风火高墙。现辟为渡江战役及解放战争期间珍贵革命文物展厅，这里陈列着渡江战役及解放战争期间的各种枪支、枪套、斧头、报刊、肩章、被褥和各种生活用品。

1949年元旦前后，党中央提出“打过长江去，解放全中国”的口号，并决定成立渡江战役总前委，全面负责指挥渡江战役。经中央批准，渡江战役总前委由邓小平、刘伯承、陈毅、粟裕、谭震林五人组成，邓小平为总前委书记。总前委进驻瑶岗后，密切注意敌我斗争态势，统筹安排渡江战役前的准备工作，指挥和协调各个军事集团的作战行动，制订接管江南新区计划和人事安排。在瑶岗，总前委起草、审定上报了《京沪杭战役实施纲要》，草拟了《关于接管江南城市的指示》和《关于江南新区农村工作的指示》等众多具有历史意义的文件、命令、电报。

渡江战役总前委旧址1996年由国务院公布为第四批全国重点文物保护单位。

渡江战役总前委会议室内景

人字洞遗址

人字洞遗址，位于繁昌县孙村镇西北2公里的癞痢山南坡，地理坐标为东经118° 5′ 46″ 、北纬31° 3′ 23″ 。遗址地貌为长江下游平原上的喀斯特残丘，是一处旧石器时代早期文化遗存，距今约250～200万年。

人字洞遗址是1998年5月发现的，同年即由国家“九五”攀登专项安徽课题组对遗址进行了第一次试掘，先后经过四年六次正式发掘，发掘面积约50平方米。遗址是一处洞穴堆积，地表出露厚度31.5米，自上而下可分为九个自然层，三个沉积单元。第一沉积单元为第1～2层的坡积物，第二沉积单元为第3～7层的棕红色亚质黏土，中夹灰岩角砾；第三沉积单元为第8层以下未见底，岩性为黏土、细砂、小砾石等堆积。石制品、骨制品及重要化石标本主要集中于第二沉积单元。

经发掘，出土石制品100多件，岩性为铁矿石、硅质泥岩、硅质灰岩、石英砂岩、片麻岩、燧石，其中铁矿石占百分之五十以上，这种状况在我国以前旧石器考古资料中未见。石制品以小型为主，刮削器为主要类型；骨制品有几十件，打击点

人字洞塌方场景

象牙化石

清楚可见的骨器近十件；与人工石制品共同出土的还有数量众多的古脊椎动物化石，其中哺乳动物化石种类有：灵长类、啮齿类、食虫类、食肉类、长鼻类、奇蹄类、偶蹄类，还有龟鳖类、鸟类，共计76种，标本6000多件。经研究确认，哺乳动物化石具有更新世早期的特征。

人字洞遗址地层清楚，动物群性质稳定。遗址的发掘和研究工作对古人类学、古生物学、地质学、考古学和相关学科产生重大的影响。人字洞遗址发现的石制品和骨制品，证明了我国早期人类活动的存在。该遗址是目前欧亚地区发现最早的人类文化遗址，将亚洲人类的历史提前了几十万年，为亚洲是早期人类起源地区之一的观点提供了重要的依据。

人字洞遗址2006年由国务院公布为第六批全国重点文物保护单位。

石器

骨铲

人字洞原始剖面

人字洞遗址发掘现场

蛇化石

大工山—凤凰山铜矿遗址

大工山—凤凰山铜矿遗址，是一处西周至唐宋时期采矿与冶炼的古代矿冶遗址。大工山和凤凰山都是皖南沿江东西走向的九华山脉的组成部分，面积约有600平方公里。1984年开始进行文物普查，在南陵县大工山区的麻桥、桂山、工山等七个乡和铜陵县的新桥、朱村、金山、铜山等六个乡镇以及铜陵市郊区，都发现了古代采掘铜矿和冶炼矿石的遗存，是我国继湖北大冶、湖南麻阳发现古铜矿遗址之后的又一重大考古发现。

南陵县的遗址分布，可以分成两大区域。一是在大工山的西部与北部，主要是南北朝至唐宋时期的遗址，有铜、铁、银、铅矿的采矿点与冶炼场，其中桂山乡西湖村占地3万多平方米，炼渣堆积厚达8米以上，以煤为燃料。另一区域是在大工山的南部与东部，主要是西周至汉代的铜矿采矿、冶炼场所。以戴镇乡的江木冲为中心，占地面积达1.5平方公里，炼渣堆积厚约0.5～1.5米。炼渣含铁量高达20～30%，大的渣块可达几百公斤。铜陵市及铜陵县的铜矿遗址，主要以金牛洞古采矿区、万迎山古冶炼区以及市郊罗家村的大炼渣为代表。金牛洞是一处春秋至西汉时期的采矿遗址。考古部门在此发掘出采矿竖井、平巷、斜井和众多的生产工具、用具。井巷均用木质支撑结构，采矿方式为自上而下，水平分层开采。市郊罗家村有一块方形大炼渣，直径约1.2米、厚达0.8米，是唐宋时期炼炉放渣的遗存物，其形体之巨大，被国内冶金史专家称之为“中国之最，世界奇观”。

大工山—凤凰山铜矿遗址采、冶并存，多数的采矿点离冶炼场很近，如江木冲冶炼场距山上的采矿点只有2公里。从采矿的方法看，主要采取露采和井采两种方

金牛洞1号矿井

金牛洞2号矿井

法。露采是采用挖“鸡窝矿”的“穴采法”，将距地表较近的的矿石揭表开采；井采则是运用木质井架支护，深挖竖井和横井来开采较深的矿石。在遗址上发现了众多采矿工具和生活用具，有青铜镬、铁钻、石球、木棒、木履、青瓷碗、夹砂陶炊器、几何印纹陶器、原始青瓷器等，还发现了孔雀石和冶炼矿石之后的产品——冰铜锭、银铅锭。科学化验表明，这些冰铜锭的铜、铁含量分别为38%和35%，与用现代技术所冶炼的冰铜产品含量相近。另外，从冶炼时所用的燃料看，西周到汉代多用木炭，南北朝以后则多用煤炭，显示出古代工匠掌握炉温技术的进步。

在汉代铜镜的铭文上，常常有“汉有善铜出丹阳，和以银锡清且明”、“新有嘉铜出丹阳”之类的铭文，可见“丹阳铜”在汉代名声卓著。据《汉书·地理志》记载，汉丹阳郡所属宣城县，就设在今南陵县的青弋江镇。所以，早在汉代南陵大工山一带生产的铜锭原料，就已成为铸造青铜镜的材料。大工山—凤凰山铜矿遗址的发现，不仅为寻找我国历史上著名的“丹阳铜”产地提供了重要线索和物证，而且为探索我国长江中下游地区青铜文明的起源与发展，研究中国古代采矿、冶金技术的历史，提供了相当丰富的资料，它是解放以来安徽省最重要的考古发现之一。

大工山—凤凰山铜矿遗址1996年由国务院公布为第四批全国重点文物保护单位。

繁昌窑遗址

繁昌窑遗址位于繁昌县城南郊1公里的箬帽尖和锥子山坡下的岗丘上。该窑址是五代至北宋时期一处专烧青白瓷的大型瓷窑遗址。窑址散布于柯家村、高潮、李村、新塘等四个自然村，占地总面积约10万平方米，其中以位于繁昌县南郊的柯家村窑址面积最大，是繁昌窑的主要生产区域。该窑址于1955年发现，经调查，现有五六座窑暴露于地面，还有一些窑址埋藏于竹林、灌木丛中。窑型属于古代龙窑系统，有阶梯式和斜坡式两种结构，均依山坡而建。

柯家村遗址创烧于五代，废烧于南宋初。遗址主要烧制青白瓷，次烧白瓷，采取龙窑一钵一器仰烧法，早期有过用支钉烧造。釉色以青白釉为主，次为白釉。青白瓷胎质洁白细腻，釉色莹润，白中见青，玻化程度高，釉层薄而均匀，釉面光亮，由于烧造火候高低和还原焰的不同，瓷釉还呈现不同的白中泛青泛黄、青中显白的色调，在质量上也有差别。白瓷中有乳白、牙白之分，为白中泛黄和各种偏黄色瓷器，胎质比较粗糙，釉色多为土黄青、豆黄青、米黄青等。繁昌窑产品多为民间实用器，有碗、盏、杯、碟、壶、盆、炉、盂、罐等，造型工整，制作精细。其中厚唇碗、荷花盏、莲蓬盏、豆形炉等器物是其代表作品，有简易的刻花、印花、剔花等纹样。

繁昌柯家村窑龙窑遗址发掘现场

繁昌窑青白釉菱花托莲瓣纹茶盏

繁昌窑青白釉凤首壶

繁昌窑青白釉温壶与温碗

柯家村窑青白瓷是唐末至五代北方窑工躲避战乱迁至江南，融合南北方制瓷工艺而创制的新产品，是江南较早烧制青白瓷的窑场。这种青白瓷是一种还原焰中烧成的高温瓷，瓷土中掺入了高铝制原料，成为二元合成配方，提高了氧化铝含量，使胎釉烧结玻化，达到了现代瓷的标准，是古代制瓷工艺上取得的一项重大的技术突破。这标志着我国烧瓷工艺由此跨入改造天然黏土原料制坯的大门，在我国瓷器发展史上占有重要的位置，对研究南方古代窑业史和青白瓷的烧造工艺有着重要价值。

青白瓷的创制，对我国瓷业的发展，尤其是对南方瓷业的发展产生了很大的影响，树立起中国瓷器发展史上的里程碑。进入宋代以后，湖北、湖南、江西景德镇、广东、福建、广西等地，竞相烧制青白瓷，形成了一个区域广大的青白瓷系。近年来又在繁昌县城南的半边街、西郊西门窑、罗冲等地相继发现新的古窑群，以瓷器作葬具的宋代窑工墓。为研究繁昌窑烧造历史提供了新的材料。

繁昌窑遗址2001年由国务院公布为第五批全国重点文物保护单位。

皖南土墩墓群

皖南土墩墓群位于南陵县城东南6公里的葛林乡千峰山和繁昌县东南平铺、新林两乡，是商周时期当地土著氏族的公共墓地。土墩墓是我国南方吴越民族的一种特有的埋葬形制，具有很高的历史、文化、科学价值。

千峰山土墩墓群是在1982年文物普查时发现的，现存古墓995座，分布面积13平方公里。墓地选建在地势较高、土层较厚的丘陵岗峦上，顺沿岗脊密集分布。建造方式是将地面稍加平整，放好尸体或棺木、随葬品，选用附近纯净细腻的橙黄色土平地起堆，不加夯实，土墩建后呈馒头状。基本是一墩一墓，也有一墩多墓，不见棺木葬具及人骨痕迹。随葬品置于墓底中心，一般是1～8件，多的达10件以上，也有无随葬品的空墓，反映了当时的社会存在一定的贫富差别，但悬殊不大。随葬品主要有泥质黑皮陶容器，泥质夹砂陶炊器，印纹硬陶贮存器、原始青瓷器、精美的青铜器以及采矿、炼铜的生产工具和青铜锭。铜器种类有鼎、盉、剑、戈等，印纹硬陶器种类有罐、坛、瓿等，陶器有鼎、鬲、盉等。

万牛墩土墩墓出土鱼龙纹青铜盆

这些随葬品与附近的大工山古铜矿遗址、牯牛山古城遗址发掘出土的器物完全相同，表明了墓主人应是大工山工矿区的采矿、炼铜工人或者生活在牯牛山古城的居民，也是3000多年前长江下游地区青铜文明的创造者。千峰山土墩墓群年代早、规模大、保存好，具有极重要的历史价值和科学研究价值。

万牛墩土墩墓群是在1982年

皖南土墩墓出土春秋龙首铜盉

皖南土墩墓出土春秋原始瓷印纹瓿

皖南土墩墓出土春秋印纹陶罍

文物调查时发现的，分布范围约6平方公里，基本上是一墩一墓，与千峰山土墩墓的埋葬特点相同。1985年，省、县文物部门共同发掘了几座土墩墓，出土文物有印纹陶罐、瓿、陶纺轮等。县文物部门还在附近征集了一批从土墩墓中出土的文物，有小铜鼎、铜剑、青铜盖罐，以及原始青瓷豆、罐等。根据出土文物分析，这里是一处西周至春秋时的大型公共墓地。繁昌在春秋以前为吴国辖地，是古代吴越族活动的地区。土墩墓平地掩埋，堆土垒冢的葬俗，属于吴国重要文化遗存之一。万牛墩土墩墓群的文化内涵与“湖熟文化”晚期遗存相同，是研究吴越文化的重要资料。

千峰山和万牛墩两处墓群占地面积达20平方公里，是我国最早的封土堆墓，平地起堆，封土不加夯实。以它们为代表的皖南土墩墓群是长江青铜文化的重要遗迹之一，也是我国商周时期青铜文明发祥地之一的大工山古铜矿遗址的墓葬区，填补了商周时期吴越文化发展史的空白。墓中出土的器物群，为确立本地区以牯牛山西周遗存为代表的文化类型——“牯牛山类型”提供了有力的证据，在中华文明发展史和世界冶金史上占有十分重要的地位。

皖南土墩墓群2001年由国务院公布为第五批全国重点文物保护单位。

繁昌县皖南土墩墓群

寿州窑遗址

寿州窑遗址位于淮南市大通区上窑镇。唐代的窑系多以州名命名，因上窑镇在唐代属寿州所辖，故名寿州窑。寿州窑是在1960年发现的，经过多次调查，陆续在淮南田家庵区（下窑）三座窑、徐家圩、费郢孜、李嘴孜及凤阳县武店灵泉寺东等地发现10余处古代窑场。其中以大通区上窑镇周围分布最为集中，从马家岗、余家沟至外窑，形成长达四五里的大窑场，曾是江淮地区的制瓷中心。

寿州窑创烧于南北朝后期，隋唐进入繁荣时期，五代以后逐渐衰落，历时300余年。早期以烧青釉瓷为主，青中闪黄色。产品有四系壶、高足盘、小口罐、瓶、碗、盏等，胎厚质坚，含砂颗粒较大较粗，造型端庄凝重。器身往往有划花、印花、雕花、贴塑等装饰。器体多施半釉，釉色润滑，玻璃质感强，常有垂流的“蜡泪痕”，釉面有细小开片，易脱釉。唐代以黄釉为主，兼烧黑釉、茶紫釉和白釉等。其中，黄釉由于窑温控制原因，又有黄绿、黄褐、蜡黄、鳝鱼黄等品种。产品有壶、杯、钵、注子、盘、碗、枕、玩具和琉璃瓦等品种。装饰手法有刻花、划花、印花、剔花、点彩、堆

寿州窑遗址出土黄釉细颈瓶

寿州窑遗址出土黑釉执壶

管咀孜窑址堆积

贴等，以斑斓的褐色点彩装饰最美，线条流畅，造型优美，显示了高超的工艺技术。制作方法主要有轮制、模制和手制三种。圆形器物胎体用轮制，柄和嘴用模制后再用瓷泥和釉料粘合一起；玩具都是手捏制成。该窑的窑型为馒头窑。唐代窑为椭圆形，残长7.2米、宽2.7米，拱券顶，由窑门、火膛、火道、窑室构成。烧制方法，早期为垫烧法，晚期出现装烧法。窑具有三岔式和四岔式垫具，圆形高足式垫具、托具、窑柱、匣钵等。

寿州窑介于古代南北方瓷窑系之间，早期受北方青瓷窑影响，至隋唐时期，窑工们对制作工艺和烧造技术作了改进，逐渐形成了自己的特色。在坯胎上普遍涂抹一层白色化妆土，使粗糙的坯胎表面光滑整洁，以衬托器表釉色的美观。在烧制技术上使用匣钵装烧法，避免了烧造过程中因粘连、重叠带来的损伤，以及烟火对坯胎的熏染和落砂等现象，使釉面光润，色泽均匀，保证了产品的质量，增加了成品率。在烧窑方法上，改传统的还原焰为氧化焰，烧成黄釉瓷，这在中国陶瓷工艺演变过程中具有重要意义。由于唐代寿州窑黄釉瓷器别具风格，产品多属民间日常生活用瓷，对当时生产民间用瓷的其他窑口影响很大。一些名窑如河北曲阳窑、陕西铜川窑、山西浑源窑、湖南长沙窑等受到它的影响。唐代陆羽在《茶经》中评价说“寿州瓷黄，茶色紫”，被列为唐代六大名窑第五位。

寿州窑遗址现已重点划为管嘴孜、高窑、上窑医院住院部、柏树林和东小湾、余嘴孜等五个保护区。1986年，淮南市人民政府在上窑镇兴建了“寿州窑陶瓷陈列馆”。

寿州窑遗址2001年由国务院公布为第五批全国重点文物保护单位。

朱然家族墓地

朱然家族墓地位于马鞍山市雨山区南郊安民村。朱然墓为三国吴右军师左大司马当阳侯朱然的墓葬，1984年发掘。朱然墓是迄今为止发现的在《三国志》中有传记的军事名人墓葬，也是长江中下游地区已发掘的300多座东吴墓葬中墓主地位最高、官职最大的一座大墓。该墓虽曾经被盗，但出土的140余件文物中，仍有一些被列为国家一级文物。朱然(182～249年)，字义封，汉丹阳故鄣（今浙江安吉县西北）人，出身东吴豪族。本姓施，13岁过继给舅父朱治为子，为东吴大帝孙权同窗好友。东汉末年到三国时期，朱然北抗曹魏，西拒蜀汉，一生屡立战功，官左大司马、右军师。

朱然墓是一座有前后两室的大型东吴墓，其结构由封土、墓道、墓坑、砖砌墓室四部分组成。该墓为南北向，墓道居南，墓道填土经过夯打。墓坑略呈长方形，

朱然墓出土季札挂剑图漆盘

朱然墓出土童子对棍图漆盘

在坑内用砖砌墓室，砖室与坑壁间用土填实、夯打。墓室位于墓坑正中，外侧总长8.7米，宽3.54米，最高处2.94米，由南至北依次为甬道、前室、过道、后室。内铺地砖，都作人字纹铺砌，墓壁采用“三顺一丁”的砌法。甬道上有半圆形的拱顶和挡土墙，下砌封门砖。前室平面近方形，“四隅券进式”穹隆顶，东侧砌祭台，西侧置放一具陪葬者黑漆木棺，为其妻妾的葬具。后室平面长方形，顶为双层拱形券顶，内置放墓主朱然黑漆木棺。棺、盖之间凸榫凹槽，棺外用黑漆，内用朱漆，保存完整，显示出三国时高超的木作技术。墓葬结构严谨，布局合理，同时还显示出三国时高超的建筑技术。

朱然墓内共出土随葬器物140多件，有漆木器、瓷器、陶器、铜器等，其中漆木器约80件，品种较多。胎质分木胎、篾胎、皮胎等，装饰工艺有描漆、犀皮漆，个别器物还采用了雕刻和彩绘相结合的方法。彩绘多为人物故事和动植物纹图案，异常精美。如绘在漆案上的宫闱宴乐图，共五十五个人物，形态不拘，刻画传神，生动活跃。画面中有百戏、杂技场面，四周饰以云气与菱形、草叶纹样。漆盘上还绘有百里奚会故妻、伯榆悲亲、童子对棍、贵族生活等故事和生活场面，绘画线条流畅，纹样如行云流水，匀称而富于变化，填补了三国美术史的空白。出土的漆器填补了我国汉末至六朝时期漆器工艺史的空白。朱然墓出土的随葬品工艺讲究，制作精美，是现已发现

朱然墓墓室

朱然家族墓墓室

的三国时期少有的高等级随葬器物。如鐎斗采用石墨和自然粘结剂熔铸而成，比西方运用石墨的技术早1000多年；犀皮黄口羽觞所采用的髹漆工艺技术比文献记载早600年，比过去所知的实物提前了1300年；被列为20世纪80年代初期中国十大考古收获之一。

1996年，在朱然墓西南侧近20米处又发现一座东吴大型墓葬，全长10.98米，由墓室、甬道、前室、后室组成，出土青瓷羊、青瓷镇墓俑、青瓷马厩等珍贵文物16件，经鉴定为朱然家族墓。

朱然家族墓地2001年由国务院公布为第五批全国重点文物保护单位。

李 白 墓

李白墓位于当涂县太白乡青山西麓谷家村旁。为唐元和（817年）所修，距今已有近1200年历史。墓用青石砌成，为一座周砌石墙的圆形墓冢。墓前竖立一方“唐名贤李太白之墓”青石碑刻，碑铭相传为杜甫手书。李白初葬于当涂龙山东麓，后宣歙观察使范传正将墓迁至青山脚下，并建有太白祠、享堂，南宋时立“唐左拾遗翰林学士李公新墓碑”。李白是我国唐代最伟大的诗人之一，字太白，号青莲居士，一生颠沛流离、屈志蹉跎。他的诗雄浑奇瑰，清秀自然，具有鲜明的艺术个性，被后世誉为“诗仙”。

据文献记载，李白墓迁建以后，曾经过十三次修复，现占地50多亩。墓后圆前方，冢高2.8米，冢径4.2米，墓葬形制保存较好。墓区主体建筑为李白墓、太白祠、享堂，附属区建有青石牌坊、十咏亭、太白碑林、眺青阁等。李白祠、享堂均为砖木结构，墙壁粉石灰，顶铺蝴蝶瓦，东西山墙作马头墙状，门、窗、槛、柱、梁、

李白墓

太白祠

太白祠内宋碑

枋等均为木质，窗作棂华窗，柱较细长，梁枋表面砍刨光平，内设铺黑望砖，白粉勾缝。享堂面阔三间，进深三间，东西内壁悬挂李白晚年事迹木雕两幅。太白祠面阔五间，进深三间，供奉李白汉白玉像、古今楹联及重修李白墓碑记，尤以南宋孟点所书“大唐翰林李公新墓碑”最为珍贵，全碑1899字，记载了李白生平、家世和诗歌成就等，是考证、研究李白最原始、最可信、最珍贵的历史资料。

从1979年至1999年，在李白墓的保护范围外开辟了李白墓区的前后两个附属区。前区以太白碑林为主体，太白碑林为环水回廊式建筑，体现江南园林风格，廊壁镶嵌现代著名书法家书写的李白各个时期经典诗文碑一百零六方。太白碑林将诗歌、书法、建筑、雕刻熔于一炉，是文化精品的代表作。后区以青莲书院、书画苑为主体，收藏有李白诗文的明、清时期版本，历代名人歌颂怀念李白诗文和唐时修李白墓时特制墓砖等。

李白墓2006年由国务院公布为第六批全国重点文物保护单位。

临涣城址

临涣城址位于濉溪县西南35公里的临涣镇周围，南临浍河（古名涣水），北、东、西三面是平原。古城平面呈方形，东西长1409米，南北宽约1400米，周长5606米，总面积195万平方米，是安徽省目前已知占地规模最大的先秦古城址。

1986年，安徽省人民政府公布其为省级重点文物保护单位时，使用了“临涣古城遗址”名称，认为是汉至元代城址。郦道元《水经注》“淮水”记载：“汉（涣）水又东南迳费亭南……涣水又东迳铚县故城南，昔吴广之起兵也，使葛婴下之……涣水又东迳蕲县故城南。”说明汉代铚县位置是在费亭之南、蕲县之西，正与今临涣吻合，证明今临涣镇的古城就是汉代铚县故城。《梁书·武帝纪》记载：北伐魏之铚城，置临涣郡，是为临涣始名。到北齐时，改郡为县。

确定铚县的地望有着十分重要的意义。这不仅仅涉及临涣古城的始建年代，同时也有助于解决春秋时期宋国的疆域与变迁等问题。《史记·春申君列传》记载，黄歇向秦昭王上书“秦、楚之兵构而不离，魏氏将出而攻留、方舆、铚、胡陵、砀、萧、相，故宋必尽”。可见铚邑早在春秋时期即已出现，当时属于宋国所辖，战国时属楚国，秦在铚邑置县，隶属于泗水郡，成为当地重要的政治、经济、军事中心。许慎

临涣城址北城墙西段（东南—西北）

《说文解字》释铚是："铚，获禾短镰也。"铚县临近浍水，控扼浍滨，在军事上有着重要的战略价值。"攻大泽乡，收而攻蕲。蕲下，乃令符离人葛婴将兵徇蕲以东。攻铚、酂、苦、柘、谯，皆下之"，《史记·陈涉世家》的这段记载，再现了铚县在秦代历史上的地位。如果从春秋铚邑算起，到元代废县，铚城在地方政权建置史上存在的时间长约二千年。

临涣古城遗址的形制特点及出土历代文物的特征，与古代文献关于铚城的时代相当吻合。四周城垣基本完整，城垣系用夯土筑成，从剖面看，夯土层较薄，每层10厘米，夯窝密布，窝径11厘米，间距1厘米，坚硬牢固。城垣残高5～15米不等，耸峙在浍水北岸。城垣系多次建筑，在城垣的最低部，沟槽直接挖入黄色生土层中，然后用黄土加砂礓层层夯实。这类城垣基宽20～25米，高5～8米。第二次大规模的建筑是在汉代。城垣在原有基础上拓宽10～15米，新增高5～7米，采用黄土和黑土夯筑，其中包含战国至秦汉的零星陶片。古城垣宽35～50米，顶宽5～8米，残高5～15米的规模，仍是令人叹为观止的巨大土方工程。在城垣顶端，还残存一些高大的土墩，可能是当时马面和瞭望的敌楼。北城垣上有九处高台，台距100米，长35～50米，宽15～30米，高出城垣5米。这种设施，很可能是汉代或较晚的北魏临涣郡时的产物。古城有四门，分别在城垣的四边中段，现存的门径宽10～20米。城外有防御性的护城河。除南面系利用天然河道外，其余三面均为人工开挖的城河，总长达4.2公里，宽10米多，深4米，部分河道已被淤塞。

古城内外还出土有数量众多的历代文物，城内地表遍布周、秦、汉、唐各朝的陶

临涣城址西城墙（东北—西南）

临涣城址北城墙西段（东—西）

器残片，砖、瓦遗物。其中常见有新石器时代的鼎足；春秋时期的鬲足、绳纹陶罐；秦汉的云纹瓦当，弦纹、方格纹与绳纹板瓦、筒瓦；隋唐时的莲花纹瓦当、青瓷、白釉瓷片等，这些遗物对于研究了解古代临涣的历史、文化有着重要的学术价值。

临涣城址2006年由国务院公布为第六批全国重点文物保护单位。

柳孜运河码头遗址

柳孜运河码头遗址位于濉溪县百善镇柳孜行政村，时代为隋至宋。柳孜是隋唐大运河通济渠边上的一个镇，它因运河的开通而繁荣了五百年的时间，成为运河岸边的军事与商旅重镇。清《宿州志》载："前明柳孜为巨镇，有庙宇九十九座。"《隋书·炀帝纪》卷三载："发河南诸郡男女百余万开通济渠，……自板渚引河通于淮。"通济渠从黄河至洪泽湖入淮，全长650余公里。它是隋朝开凿的大运河的一段，由黄河过开封后折向东南，经河南永城后进入安徽的柳孜、国桥等城镇，再从由洪泽湖入淮河，新开河道400多公里，南宋时淤塞废弃。通济渠(唐宋时称汴河)流经淮北市濉溪县境内的长度有40余公里。

1999年春，在拓宽宿州至永城公路柳孜段的施工中，发现大量陶瓷器。同年5月经国家文物局批准，省、市、县成立联合考古队进行发掘，在深6米的河道内发现唐代大型木质沉船八艘，运河岸边石构建筑基址一处，出土各种瓷器1000多件，被评为"1999年全国十大考古新发现"。石构建筑基址东西长14.3米，南北宽9米，北立面高5.05米，沿河道南堤而建，为长方形立体建筑。所用石材大小不一，厚薄不同，夹杂使用汉代画像石与墓石构件，西、南二面采用飞檐砌法，叠石十多层，南壁从基础飞出3.5米长的斜坡。在石构建筑之下还有木构建筑的木桩20多根，应是码头或桥墩建筑。经发掘和测量地表遗迹得知，运河口宽约40米，底宽约15米，深7米，北堤宽40米，高出地面5米，南堤宽约20米，高出地面4米。河道废弃后，河床高出地面2～3米，现建成了安徽泗县到河南永城的省级公路。1999年配合泗永公路建设发掘900平方米，出土了大批唐宋时期我国南北方十几个窑口的瓷器标本，发现唐代沉船八艘，发掘出土三艘。1号沉船长9.6米，加上拖舵计残长12.6米，船体宽1.8米，船深0.41米；2号沉船是一艘独木舟，长10.6米，宽0.52～1.22米，舱深0.7米，呈大半圆弧形。出土遗物有瓷器、陶器、石器、骨器、铁器等，以瓷器为绝大多数，有黄釉、青釉、白釉、酱釉、黑釉、彩釉、

柳孜遗址石筑码头

柳孜遗址2号发掘点多船叠压情形

柳孜遗址出土"仁和馆"铭四系壶

白地黑釉、影青等，其中黄釉为多，器形有碗、盘、钵、盏、盆、罐、壶、瓶、坛、灯、铃、盂、托、圆棋子等，仅碗就有900多件，盘60多件，钵209件，罐129件，壶28件等。

柳孜运河码头遗址的发掘，是我国大运河遗址的首次发掘，取得了重要成果，解决了通济渠流经地点和路线这一历史问题。出土沉船、石码头和大量陶瓷器物对研究当时的经济文化具有重要价值，《元和郡县图志》记载通济渠上"公家漕运、私家商旅、舳舻相继"。这一发现为当时的漕运制度、水利交通史、造船技术、陶瓷生产、商贸活动提供了珍贵的实物资料。作为世界上最长的人工运河，其考古工作一直属于空白，这次发掘弥补了历史上的一大空白，为大运河申报世界文化遗产打下了一个坚实基础。

柳孜运河码头遗址2001年由国务院公布为第五批全国重点文物保护单位。

淮海战役总前委和华东野战军指挥部旧址

淮海战役总前委和华东野战军指挥部旧址，位于濉溪县临涣镇和萧县蔡洼村。1948年底，淮海战役打响后，为了统筹指挥，中共中央军委决定成立由刘伯承、陈毅、邓小平、粟裕、谭震林五同志组成的总前委。1948年12月17日，由邓小平主持，在华东野战军指挥部驻地萧县丁里镇蔡洼村的杨家台子召开了第一次全委会议。会议研究了淮海战役第三阶段围歼杜聿明集团的方略，作出了部队战地整编计划，制定了渡江作战的初步方案。这次会议对夺取淮海战役全面胜利，解放长江以北，进而渡江作战解放全中国起到了重要的决策作用。

为了指挥作战，华东野战军指挥部于1948年12月15日晚，在代司令、代政委粟裕的率领下，从宿县孟圩子移驻萧县蔡洼村的杨家台子。并于1949年1月6日向杜聿明集团残部发起总攻击，奋战四天，歼敌26.2万余人，夺取了淮海战役的全面胜利。1949年1月12日华野指挥部迁往蚌埠的孙家圩子。

淮海战役蔡洼总前委和华东野战军指挥部旧址，是组织围歼杜聿明集团，夺取淮海战役全面胜利，研究渡江作战，解放全中国的重大会议和华野指挥部指挥作战

淮海战役总前委旧址全景

淮海战役总前委旧址门景

淮海战役总前委旧址院落

行动的所在地。淮海战役结束后，萧县人民为了纪念这一伟大胜利，曾一度将蔡洼村改为“胜利村”。在蔡洼会议期间，总前委刘伯承、陈毅、邓小平、粟裕、谭震林五位成员在小山沟简陋的茅屋前合影，这是总前委成员具有历史意义的唯一的一张合影，成为弥足珍贵的历史照片。

临涣镇文昌宫，又名昌帝庙，始建于唐，坐北朝南，三进院子，砖木结构，占地2170平方米。为淮海战役总前委旧址及刘伯承、邓小平等领导人的旧居。

萧县蔡洼村的杨家台子原为清末建筑群落，土木结构，屋面小瓦，三进院落。右侧为三进院，左、中均为二进院。刘伯承、陈毅、邓小平、粟裕及张震、陈士榘当年在此居住。

在双堆集镇歼灭战旧址建有占地10.6公顷的烈士陵园。纪念塔后是“淮海战役双堆集烈士墓”。陵园中心矗立着1980年落成的淮海战役双堆集烈士纪念碑。碑高22.5米，白色花岗岩

淮海战役总前委会议室内景

砌成。碑身刻有邓小平亲笔题词“淮海战役烈士永垂不朽”，正面镌刻纪念碑文，碑冠镶嵌淮海战役胜利纪念章浮雕。

淮海战役总前委和华东野战军指挥部旧址2006年由国务院公布为第六批全国重点文物保护单位。

淮海战役总前委会议室旧址

刘伯承住室

薛家岗遗址

薛家岗遗址位于潜山县王河镇永岗村，南距王河镇4公里，东距潜水200米。是一处以新石器时代遗存为主的古文化遗址。遗址为高约3米的椭圆形河谷台地，面积6万平方米。1979～2002年安徽省文物部门曾在此进行六次发掘，揭露面积约3000平方米，发现房基、灰坑及墓葬等遗址，出土各类文物3000余件，初步揭示了薛家岗遗址的文化属性。

遗址堆积分为5层：第1层耕土层，第2层宋代瓦砾层，第3层商文化层，第4层、5层为新石器时代文化层。依据地层叠压关系和出土器物的演变规律，4、5两层又可分为四期文化。出土器物主要是石、陶、玉三大类。石器有石刀、石斧、石锛、石铲、石凿、石镞等。石器多通体精磨，对面穿孔，棱角分明，部分刀、铲的孔眼处还绘有红色花果形图案，色泽艳丽，画图拙朴。以奇数相列的1至13孔扁条形状石刀，尤为特殊。特别是十三孔石刀，宽9～12厘米，长51.6厘米，是我国新石器时代考古中首次发现的具有明显地域特色的文物。陶器主要有鼎、豆、壶、罐、盆、

薛家岗遗址发掘现场

碗、杯等，其中以枫叶形足釜形鼎，扁凹状、扁柱状鸭嘴形足罐形鼎，敛口、直口高柄豆，小口折腹壶，喇叭口细高颈凿形足带把鬶等，为薛家岗遗址具有鲜明地方特色的代表器物。陶器的制法有手制和轮制，器形由平肩到圈足，种类由简单到复杂，表现了四期文化的发展序列。玉器有环、璜、管、琮、铲、扣形饰等。这些玉器雕刻精美，图案对称，工艺水平很高。遗址还出土了大量陶球，其中最大直径9厘米，最小直径1.8厘米，表面有孔眼1～36个不等。球内装有小陶丸，摇之有声，清脆悦耳，球面以相互交错的针刺纹为装饰。房基有地面建筑和半地穴式建筑两种，长4.75～3.9米，宽3.7～2.4米。房基内均有瓢形火膛。遗址出土墓葬100多座，有的无墓穴，有的为长方形土坑竖穴，无葬具。墓葬分早晚两期，其中早期随葬品差别不大，晚期多寡不均。据碳十四年代测定数据，以三、四期文化遗存为代表的薛家岗遗址距今5200至4800年左右，居于薛家岗文化的中晚期。

薛家岗遗址面积大，文化层堆积较厚，出土文物十分丰富，器物形制具有浓郁的地方特色，是建国后安徽省新石器时代考古的重要发现，学术界将这一类型的遗存命名为“薛家岗文化”。它的发现，对研究长江中下游地区原始文化有着重要的学术价值，是安徽省最早命名的史前文化。

薛家岗遗址1996年由国务院公布为第四批全国重点文物保护单位。

白崖寨

白崖寨位于大别山南麓宿松县趾凤乡境内的白崖山上。始建于元末，明、清相继维修。寨墙盘卧白崖寨5公里，巍峨壮观，迄今600余年，历经风雨剥蚀，保存基本完好。

《宿松县志》载："元末义士吴仕杰率众垒寨御寇，依东峰、西峰、北岭各以为营，间列市肆。唯西营峰悬一线，峭壁摩天，有坦处仅可插屋数椽。"明末崇祯十五年(1642年)，战乱蜂起，"县人庠生徐行重修过寨城"。清末时刑部主事贺颀、工部主事贺欣兄弟为保障乡里，捐资扩建。整个山寨全部用大片石块所砌，顺山脉定向或沿山腰而筑，或扎屏峭壁，绵延起伏，时隐时现，宛若长城静卧山间。在寨墙东西南北的关隘口，分别建有五座门楼，现仅存"听雨"、"朝九"和"攀龙"三门。门楼皆用大条石垒砌而成，呈半月形拱状。顶部设有炮口，也可供瞭望之用。攀龙门外的山泽冲是进入白崖寨的主要通道，途中有船舵石、关门石、船形石、鸟语崖、龙骨石等景观。两侧峭壁悬崖，林木葱茏，登四百级石阶蜿蜒而上，有一夫当关、万夫莫开之势。白崖寨地势险要，易守难攻，为历代兵家必争之地。相传明太祖朱元璋攻打安庆、九江时曾在此练兵打仗；明末兵部尚书史可法曾据寨与张献忠起义军作战；太平天国西路大军曾在此与清军展开激烈争夺战；鄂豫皖革命根据地的部分红军在此整编为红二十七军等等。

白崖寨攀龙门城楼

自元末开始，宿松县境内先后建有四十八个山寨，相继被毁，唯白崖寨巍然独存，还留有众多文物古迹，进入攀龙门，穿过一片竹林，便是关帝庙，为历代宗教活动基地。百花门内的西峰一带尚留有史公祠、惜字亭、化字池、旗杆波、点将台、跑马墩等遗址，相传史可法曾在此练兵、点将。现存有化字池、夹杆石。与西峰对峙的东营峰上有清贺仲祁书的“凤卧龙栖”石刻。下东营峰向南可往“九曲居”，这是清吏部主事贺欣于光绪三十年（1900年）所建的一座山庄，其选址和建筑设计独具匠心。从居门到听雨门的山道有六个弯曲，听雨门外三个，合为外九曲；居内布局亦以九曲造型，房屋按《易经》八卦图布局，共四重四十八间，六个天井。可惜大多毁于“文化大革命”，今只剩三重。寨下有养英山庄和贺家老屋。贺家老屋建于清代中期，共三重三十间，为贺颀、贺欣的出生地，曾悬挂《天官第》匾额和“一家双进士，兄弟两大夫”的对联。1947年刘邓大军挺进大别山，陈锡联将军曾在此住过。养英山庄系贺欣之子贺廷桂于民国四年（1915年）所建，正屋共四重三十六间，厢房二十六间，大门上有“养英山庄”石刻横额，两边有贺欣撰写的记事诗刻四首。整个建筑保存完好，现为趾凤乡人民政府所在地。

白崖寨2001年由国务院公布为第五批全国重点文物保护单位。

振 风 塔

振风塔位于安庆市迎江区沿江东路北侧的迎江寺内，南临长江。迎江寺始建于明万历四十七年（1619年），明清至今续建遂成现时规模。明万历四十八年（1620年）皇帝敕赐“护国永昌禅寺”，清顺治七年（1650年）改称“敕建迎江禅寺”，清乾隆皇帝、慈禧太后亦先后为迎江寺题“善狮子吼”、“妙明圆镜”等匾额。迎江寺占地面积20000多平方米，主体建筑坐北朝南，主要由天王殿、大雄宝殿、毗卢殿、藏经楼、广嗣殿等组成，大雄宝殿和毗卢殿间矗立振风塔。

振风塔，又名万佛塔，建于明隆庆四年（1570年），由当时的安庆知府王宗徐主持修建。该塔为楼阁式砖石结构，八角七层，高60.86米，各层面阔与层高按比例自下而上逐层收分，整体轮廓近似圆锥形。底层建有宽大的基座，每边长18.72米，各层塔心室均为八角形。每层皆有腰檐平座，檐下为双抄华栱，出两跳。塔内有168级台阶，穿壁绕平座拾级盘旋而上，直达顶层。每层塔门虚实交错，平台上围以白石栏杆，可登临远眺，每层檐角均悬挂风铎。塔刹由八角形须弥座、圆形覆钵、球状五重相轮和葫芦形宝瓶构成。塔内供西方接引阿弥陀佛、弥勒佛和五方佛，塔身嵌有砖雕佛像、历史神话故事雕像一千余尊及碑刻五十四块。该塔除具有佛塔的功能外，还具有导航引渡的作用。

振风塔临江而立，为长江流域规模最大、最高的七级浮屠，享有“万里长江第一塔”和“过了安庆不说塔”之美誉。振风塔的造型和结构基本上是集我国历代佛塔建筑艺术之大成，融合了我国古代建筑的民族特色，并加以发展和提高。此塔设

塔身外砖雕佛像

振风塔一层副阶

振风塔

计精巧，造型别致，结构新颖，在我国佛塔中独树一帜，具有很高的历史、艺术和科学价值。

振风塔 2006 年由国务院公布为第六批全国重点文物保护单位。

世太史第

世太史第，位于安庆市迎江区天台里街。始建于明万历年，清代续修续建。初为明刑部给事中刘尚志私宅，清同治三年（1864年），曾任翰林院主修的赵畇购得，始为赵氏府第。因赵氏族中自赵文楷始，赵畇、赵继元、赵曾重四代翰林，故又称“世太史第”、“四代翰林宅”。清光绪三十三年（1907年），赵畇曾孙、原全国政协副主席赵朴初诞生于此，又名赵朴初故居。建筑坐北朝南，砖木结构，平面呈长方形，东西长约40米，南北宽约100米，占地面积4000多平方米，建筑面积2731平方米。

世太史第东二进

世太史第南面建有642平方米的花岗石铺地广场。该建筑分东路四进，西路三进，共七进。除西三为三开间，各进均为五开间，面阔约20米，沿南北走向两条中轴线规整排列，每进两侧由厢房或回

世太史第大门

世太史第鸟瞰

廊贯通。该宅西北部建有面积近1000平方米的后花园，配以小桥、瀑布、六角亭、古树、荷花池，生趣盎然。园内西侧建有31.9米长碑廊，镶嵌赵朴初先生书法作品碑刻十一块。

东一进为门厅，外墙磨砖对缝，嵌大型“五蝠捧寿”图案砖雕。门楣上镶阳刻楷书横匾“世太史第”，两侧楹联“江山如画”、“物我同春”。东二进与东一进以东西侧回廊相连接。前檐柱上方置凤形斜撑，造型优美，柱础亦精雕细琢。东三进，两层，上为阁楼，下层两侧建有厢房，配以雕花隔扇门窗。穿过最后一道隔断清水山墙进门即进入东四进。该进为上下两层，两侧边楼与前进隔断相衔接，墙内为一坡水回廊。东西侧与主楼相连为骑楼。主楼明间下层为平綦顶，地面铺青灰色磨面方砖，此进梁柱用材粗大，隔扇门窗亦造型别致。西

世太史第西二进

世太史第东四进中堂

一进与东一进、西二进与东三进建成时间、建筑面积、结构布局、工艺制作、使用功能基本相似。西三进建成时间明显比东四进晚。

世太史第风格融北方古建的雄浑、粗犷及南方徽州古建的细腻、精致于一体，有着浓郁的地方特色。七进五院一园一场，布局规整，结构合理，气势恢宏。整体布局为深宅大院，功能齐全。在功能区域处理上，利用东三、东四、西三隔断墙封闭大门，又灵活地使各进自成独立庭院。建筑结构上，七进主体建筑有三进采用了望板直接铺在桁条上，取代原有椽子中间环节，合理地减少了制作安装工序和结构衔接点，形成皖西南地域古建筑的一大特色。

后花园及拜石亭

世太史第2006年由国务院公布为第六批全国重点文物保护单位。

天柱山山谷流泉摩崖石刻

天柱山山谷流泉摩崖石刻位于潜山县城西北9公里的野山寨境内，由“山谷流泉摩崖石刻”、宋末民族英雄“刘源题字石刻”、“白云岩石刻”三部分组成。时代为唐至民国。其中以“山谷流泉摩崖石刻”最为丰富。山谷流泉是一条深邃的山谷，长约500米，其间一股清泉顺山谷潺缓而下，终年不息。谷溪上游曰潺潺溪，中段称石牛溪，下游号山谷溪，统称山谷流泉。在中下游长达1公里的山溪两岸摩崖与溪间巨石上，有四百余方唐、宋、元、明、清、民国历代名宦大家游览刊刻的文字题刻，连绵一千余年，是安徽省现存最集中、保存也最为完好的摩崖石刻群之一。

山谷流泉摩崖石刻有准确纪年的最早为唐代著名散文家、哲学家李翱任舒州刺史时游览山谷的题名碑刻。另一处唐代十三人题名石刻，系唐代著名的文学家、舒州刺史，后任尚书的李德修所刻。有宋一代，慕名到山谷流泉来观光览胜的游客一直络绎不绝，形成空前的刻石纪游之风。山谷流泉有两宋题刻一百多处，内容也极为丰富。

北宋皇祐三年（1051年），时任舒州通判的王安石与弟王安国游览山谷，坐石听泉，写诗以咏其胜。现存题名刻石文字为：“皇祐三年九月十六日自州之太湖过寺宿，与道人文铣、弟安国拥火游见李翱习之书，坐石听泉久之，复游，刻习之书后，临川王安石。”所赋六言诗为：“水无心而宛转，山有色而环围，穷幽深而不尽，坐石

天柱山山谷流泉北宋黄庭坚题刻

南宋张同之题刻

明代题刻"安庆名山"

上以忘归。"这一物证的发现，当有助于人们研究王安石的思想变化的历程。北宋元丰三年（1080年），著名书法家黄庭坚也曾至山谷览胜，他在游览了山谷寺、石牛洞之后，豪情激越，连续写下《青牛篇》、《书石牛溪大石上》、《题灵龟泉石上》、《题山谷大石》等多篇诗文。因酷爱此地山水，遂自号山谷道人。在石牛洞东侧悬崖顶端，尚存一处由黄庭坚手书的楷书题名，是传世稀少的黄氏真迹，弥足珍贵。

在唐代李德修的题名下方，有一处刻于北宋熙宁四年（1701年）的"李师中纪事石刻"。此刻作者李师中，为李德修的八世孙。似此祖、孙相距数百年同游一地，同刻一块岩石的石刻极为罕见。这篇文字经与《宋史·李师中传》对照，所述家世、祖先完全吻合，是研究李氏家谱与有关历史人物的珍贵史料。

元代以后，众多游客也在这里留下大量的文字石刻。除了仿照唐宋时的题名、题诗，在石刻文字的内容方面出现一些新的变化，比如出现了大量的用简短词语赞叹山、洞、泉、石景色的特点。同时，石刻文字的体积增大，字径往往有一二尺，这都是过去所少见的。此处摩崖石刻书法集隶、楷、草、篆、行等多种，内容涉及天文、地理、经济、政治、军事、文化诸多方面，形成一座天然艺术博物馆，基本上代表了唐代以来我国书法艺术发展演变的风貌，是一处珍贵的书法艺术宝库。

天柱山山谷流泉摩崖石刻2001年由国务院公布为第五批全国重点文物保护单位。

渔梁坝

渔梁坝位于歙县县城东南部。是筑于新安江支流练江中的石质重力滚水坝。渔梁坝南依紫阳山，北接渔梁街。长143米，底宽27米，顶宽6米，高约5米，下游边坡坡度平缓，斜面长50余米。坝的设计、营造很有特色，坝体用花岗岩石层层垒筑，大石块用石销钉互为连锁，上下层石块间亦用竖石穿插，非常牢固。中段和南段开三道泄水门，枯水季节北段无水漫泄时，游人可登临徜徉，观赏周围秀丽山色。由于坝的落差较大，坝下乱石嶙峋，练水到此，经溢洪道飞流直下，涛声隆隆，声震数里。尤其在丰水期，练江水漫越整个水坝滔滔而下，势如奔腾骏马，煞是壮观。

渔梁坝始建于唐代。隋末汪华迁歙州州治于乌聊山下（今歙县城所在地），削山为城，疏江为池，然练水陡泻，水涨则城根难保，水浅则城内井枯，于是在练江垒石为梁，以缓流蓄水。宋绍兴辛巳（1161年），水决石梁，嘉定辛巳（1221年），州守宋济又在石坝原址聚石立栅。绍定己丑（1229年）年歙州推官赵希愬伐石兴筑，左右篷卷十八层，阔三丈，高半之，横亘二十倍。至元末明初，石坝又逐次崩坍。弘治辛酉（1501年）府尹彭泽督工重修，为抵御洪水的强大冲击力，采用石销钉连锁，以加固坝体。此后明清历朝多次维修，使石坝至今安然，依然发挥着防洪、蓄水的双重功效。原坝旁建有祠堂，祀奉宋代以来的修坝有功之士。现南岸山坡上留有一方明万历三十三年（1605年）修坝记事碑；北岸坝端有一小神庙，庙前立如来柱，柱旁置一上千斤重的石猪雕刻。

渔梁坝因建于渔梁镇旁而得名。渔梁镇古为歙县主要水运码头，经新安江东达苏、杭的船只均以此为起点。渔梁古街至今仍完整地保存了古代街衢、水埠和码头的风貌。丰乐河、富资河、布射河、扬之水四条河流汇聚于歙县城下而成练江，因江面骤宽，水浅流清，形成一片水波粼粼的湍急水面，砂石成滩。渔梁坝及其附近的优美自然环境，吸引了历代文人墨客到此流连觞咏，酬唱赠别。

渔梁坝2001年由国务院公布为第五批全国重点文物保护单位。

渔梁坝

潜口民宅

潜口民宅位于黄山市徽州区潜口紫霞峰南麓。分为明代民居建筑群和清代民居建筑群两大部分，是明清时期徽派建筑的典型代表，同时也是我国文物建筑易地复建、集中保护的范例。

1982年，为集中保护明代徽派建筑，经国家文物局批准，黄山市决定将分散在歙县和徽州区郑村、许村、潜口、西溪南等地的12处价值较高、损坏严重又不宜就地永久保存的明代建筑集中搬迁到潜口进行复原保护。该工程自1984年开始，到1994年底，先后搬迁复原了三座祠堂、六幢民宅、一座路亭、一座石拱桥、一座石牌坊，分别为：司谏第、曹门厅、乐善堂、方文泰宅、苏雪痕宅、方观田宅、吴建华宅、罗小明宅、胡永基宅、善化亭、荫秀桥、方氏宗祠坊。

司谏第，始建于明弘治八年（1495年）。明代中期砖木结构厅堂，是江南明代现存古遗构中较早的建筑之一。通面阔8.56米，总进深14.13米，通高6.65米，建筑面积120.95平方米，占地面积120.95平方米。系明永乐初进士、吏科给事中汪善后

潜口民宅明园外景

潜口民宅内方氏祠坊（明嘉靖）

人为祭祖所建之家祠。

曹门厅，明嘉靖年间（1522～1566年）的厅堂建筑，原属歙县潜口汪氏支祠，目前仅剩门厅五间及廊庑。通面阔21.03米，总进深13.5米，通高6.3米，建筑面积283.91平方米，占地面积283.91平方米。

方文泰宅，明代中后期砖木结构民居。为四合院，三间二进楼房。楼下前进明间为门厅，两旁是厢房；后进明间为客厅，次间为卧室；楼上明间设祀祖座。两进之间为天井，左右有廊，后廊内设楼梯。通面阔9.33米，总进深15.9米，通高8.84米，建筑面积296.7平方米，占地面积148.35平方米。

苏雪痕宅，此宅始为郑姓所有，清末时卖归太平苏姓。系明代中叶砖木结构民宅。宅平面凹字形，一脊两堂楼房。通面阔三间10.86米，总进深13.3米，通高7.1米，建筑面积288.88平方米，占地面积144.44平方米。

潜口民宅内曹门厅（明嘉靖）

潜口民宅内司谏第（明弘治八年）

乐善堂，又称“耄耋厅”，二进三间砖木结构厅堂建筑，建于明中叶，是旧时老人娱乐和议事的场所。该堂一式平房建筑，通面阔12.57米，总进深19.45米，通高7.6米，建筑面积244.49平方米。

方观田宅，明中叶普通住宅，一进三间楼房。砖木结构，小青瓦，马头墙，形制和木构架均是明代建筑风格。通面阔8.7米，总进深7.95米，通高6.65米，建筑面积138.34平方米，占地面积69.17平方米。

吴建华宅，明代中期民居，与司谏第毗邻，是汪善后代的住宅，近代卖给吴姓为业。该宅为砖木结构楼房，小青瓦，马头墙。通面阔10.1米，总进深10.22米，通高8米，建筑面积206.44平方米，占地面积103.22平方米。

善化亭，建于明嘉靖辛亥年（1551年）。系里人许岩保建造，意在行善，故名。石柱、木架、小青瓦歇山顶，飞檐脊瓴、屋脊亭角都饰有龙吻。亭为方形平面，占地面积22.51平方米。

荫秀桥，建于明代嘉靖甲寅年（1554年），紫红砂石砌筑。单孔跨小溪，桥长2.7米，宽2.45米，占地面积6.61平方米。

整个潜口民宅明代民居建筑群占地面积近20000平方米，十二处建筑物保留原单体建筑式样，按当地传统村落布局，顺地势高低自然筑成，总体轮廓与地形、地貌、山水自然相谐，是研究中国建筑历史及建筑技术、建筑设计的珍贵实例。

潜口民宅1988年由国务院公布为第三批全国重点文物保护单位。

许国石坊

许国石坊位于歙县县城阳和门内。曾名“大学士牌坊”，俗称“八角牌楼”，建于明万历十二年（1584年），是明万历皇帝为旌表许国的功勋而恩许建造的。

许国，字维祯（1527～1596年），歙县人，嘉靖乙丑进士，历仕嘉靖、隆庆、万历三朝。万历十一年，以礼部尚书兼东阁大学士入赞机务，不久又加封太子太保，改授文渊阁大学士。万历十二年，因云南平逆“决策有功”，晋少保，封武英殿大学士，成了仅次于首辅的次辅。

石坊是仿木构造建筑，结构严谨，布局合理，形制独特。石坊平面呈口字形，南北长11.5米，东西宽6.77米，总面积为78.13米，高为11.4米。四面八柱，各联梁坊，整个牌坊系由前后两座三间四柱三楼和左右两侧单间双柱三楼的石牌坊组合而成。石料全部采用青色茶园石，粗壮厚实。

石坊遍布雕饰，图案类似徽州民间建筑彩绘。梁枋两端浅镌如意头、缠枝、锦地开光。中部菱形框内为深浮雕，雕有“巨龙飞腾”、“瑞鹤翔云”、“凤穿牡丹”等图案。直柱中段为散点团花式锦纹，上段为云纹锦地，缀以姿态各异的翔鹤。柱础外侧的台基上，雕置蹲驻与奔赴等各种动作的大狮子十二只，有的大狮子还抱弄小狮，形态生动活泼。台基左右侧皆镌各式獬豸图案。整个石坊的雕刻，工致细腻，古朴豪放，为徽州石雕工艺中的杰作。

石坊前后左右都是题额和匾额。前后两面的顶层和侧面的第三层正中镶嵌着双龙盘边的匾额，上面直书“恩荣”二字，底层四面额坊上分别镌刻着端正的“大学士”三字，前后两面小坊上各署以“少保兼太子太保礼部尚书武英殿大学士许国”这一全副头衔。前后两面的第二层枋上各为“先学后臣”、“上台元老”斗大楷书刻字，石坊的两边还刻有当时地方官员的姓名和纪年。石坊上所有题字，全都是馆阁体、擘窠书，相传出自明代书画家董其昌的手笔。

许国石坊1988年由国务院公布为第三批全国重点文物保护单位。

许国石坊

老屋阁及绿绕亭

老屋阁及绿绕亭位于黄山市徽州区岩寺镇西约4公里的西溪南村。该村背倚凤形山，面临丰乐水，始建于唐，鼎盛于明清，文风昌盛，名人辈出。村中至今仍保存明清建筑100多幢，老屋阁及绿绕亭即是其中的典型代表。

老屋阁，又称老屋角和吴息之宅，建于明代中期。为砖木结构的二层楼房，下层矮，上层高，坐东北朝西南，三进五开间，口字形四合院，通面阔17.7米，进深19.4米。前进楼下明间为门厅，中进楼下明间为客厅，大门位于中轴线上，狭长的天井中央有石板砌的水池，大门上建有水磨砖砌成的门罩，未事雕琢，与铁皮包镶的大门十分协调，显得厚实庄重。

中进为进深九檩，在明间缝檐柱与金柱之间，用月梁式的双步架，梁两端饰以云雕，梁上置瓜柱支载三架梁，瓜柱与金柱上端之间另加一单步梁，三架梁上有脊瓜承托脊檩，两侧置雕花叉手，形如卷云飘带。梁架上承脊瓜与五架梁上瓜柱用莲瓣式平盘斗；山面梁架瓜柱下端收杀做成鹰嘴形。楼面为梁上架阁栅，架栅为直径约11厘米的整根圆木，上铺楼板。沿天井四周有一圈齐整的栏板，雕花缀朵，富丽繁华，飞禽走兽，栩栩如生。在天井四周设置靠椅，此椅靠背外突，超出天井四周的栏板，临

老屋阁中天井

老屋阁中进二楼内景

空悬置，设计精巧美观，颇具韵致，称为飞来椅，又雅称为“美人靠”。

楼上厅堂宏丽宽敞，布置井然有序。墙以芦苇编篱，表面敷以泥土和石灰，紧密牢固。厅内不用天花，搁栅外露，为彻上明造住宅，当地称这种构造为“楼上厅”。古代徽州地区雨量充沛，气候湿润，山高人稀，为防山区瘴疠之气，人们就把楼上作为日常主要的栖息活动场所，所以把楼上厅室建得比楼下更轩敞，逐渐形成楼上厅这种独特的徽派建筑格式。

绿绕亭坐落在老屋阁东南墙脚下池塘畔，亭平面近正方形，通面阔4米，进深4.36米，高5.9米，元天顺元年(1328年)西溪南名士吴斯能、吴斯和兄弟两个集资建造，明景泰七年（1456年）重建。绿绕亭的结构与雕饰风格类似老屋阁，唯月梁上绘有典雅工丽的包袱锦彩绘图案，临池一侧置飞来椅供人休息。在亭中近可观场圃，远可眺田畴。历代文人题咏甚多，后集成《歙县丰溪吴氏文徵》。老屋阁规模宏大，庄重典雅，它和绿绕亭作为典型的明代徽式建筑，具有很高的历史、艺术和科学价值。

老屋阁及绿绕亭1996年由国务院公布为第四批全国重点文物保护单位。

老屋阁前进正立面

绿绕亭梁上题记

绿绕亭

罗东舒祠

罗东舒祠，全称“贞静罗东舒先生祠”，又名宝纶阁，位于黄山市徽州区呈坎村。系明代中后期砖木结构建筑。

该祠堂坐西朝东，包括照墙、棂星门、前天井、两座碑亭、正门、两庑、大庭院、大堂、后天井、寝殿及南侧之女祠、北侧之厨房杂院，规模宏大，占地3300平方米。据《罗氏宗谱》载，后进寝殿始建于明嘉靖年间(约1542年)，“后寝几成，遇事中辍，因循垂七十年，危至圮坏。迨万历壬子，诸宗人因谒庙而思祖功，睹遗规而慨缔造之不易”。故万历壬子年(1612年)重新扩建该祠。“寝因前人草创，盖之以阁，用藏历代恩纶”。明末孝子吴士鸿手书“宝纶阁”匾额，垂挂于阁楼前檐，故后人称该祠为宝纶阁。

棂星门，通面阔26.61米，高7.42米，用六根大石柱排成一字形，明间和次间、梢间筑以木质棂星门，斗栱承担前后檐。石柱顶部安有一根90厘米高的短石柱，其上各有一只石雕“朝天吼”，其势雄伟壮观。棂星门之外为一高大弧形照墙。前天井较窄长，两旁各立碑亭一座，两方石碑上刻有祠堂有关事迹，其中一方为《祖东舒翁祠堂记》，由呈坎罗氏二十四世孙户部左侍郎罗应鹤撰文，并主持该祠扩建工程。正门为七开间，进深10.3米，高9.2米，两旁有抱鼓石一对。正门左右次间各置边门，梢间和尽间为统间，名曰“厅事”。正门往后为大庭院，庭院两旁为两庑。两庑各为五开间，抬梁式构架，通面阔18.78米，进深4.93米，高7.9米。庭院后为大

罗东舒祠仪门

罗东舒祠棂星门、碑亭及仪门

罗东舒祠寝殿宝纶阁

堂，通面阔25.96米，进深21.23米，高13.6米。五开间，进深五间。为扩大面积和空间，采用减柱造和彻上明造，山面为穿逗式，气势宏伟。堂上垂挂有明代书法家董其昌书“彝伦攸叙”匾额。紧靠大堂南山墙，建有一女祠。为妇女设祠，是徽州特色。女祠三开间，平面呈口字形，上下对堂，坐东朝西，通面阔9.14米，进深19米，高7.8米。

寝殿是整个建筑群最为精华的部分，通面阔29.5米，进深10.5米，通高13.91米，其中楼阁高5.1米。由三个三开间加两个尽间(楼梯间)所组成，共十一开间，此种形制在民间建筑中实为罕见。木、石作遍施雕饰，斗栱、雀替、梁头、驼峰、叉手、蜀柱、平盘斗等木构件，雕饰有各种云纹、花卉、禽兽图案。透雕的“鲤鱼吐水”雀替，更是生动逼真，玲珑剔透。前檐台基上的石栏杆、望柱、栏板、抱鼓石等，均用优质黟县青石料制作，刻有飞禽走兽、花卉云纹等图案，典雅工丽。寝殿的梁架，布满包袱锦彩绘，用笔细腻，图像清晰，色泽艳丽，实为民间彩绘珍品。阁楼上尚保存着呈坎村从元至清的二十五方匾额。

该祠堂从棂星门到正门、大堂、寝殿，逐步升高，气势雄伟。整个屋脊均用花

罗东舒祠享堂内景

砖砌筑，脊头有兽吻。墙体全部用条砖平砌、抹灰，墙厚18厘米。所有天井、甬道、庭院均用花岗石板铺砌，阶沿位置则用巨大石板铺砌。罗东舒祠规模宏大，结构完整，风格独特，建筑艺术精湛，堪称“江南第一名祠”，具有很高的历史、科学、艺术价值。

罗东舒祠1996年由国务院公布为第四批全国重点文物保护单位。

罗东舒祠庑廊前栏板石雕

罗东舒祠庭院

程氏三宅

程氏三宅是指位于黄山市中心城区——屯溪区柏树街东里巷的六号、七号、二十八号三幢程氏明代民居。三宅均属封闭式砖木结构二层楼房，分前后两进（俗称一脊两堂），其屋面盖蝴蝶瓦，四周高墙封护，东西马头山墙起伏呈三级封护至脊顶，高低落差在1米左右，前后檐墙砌凹形。宅第由厅、堂、厨厕、园圃等组成，室内以天井采光、通风、排水。

六号宅为五开间，占地面积477平方米。设内外门罩，抬梁式构架，装饰以砖木雕为主，上、下层大梁绘彩画。七号宅为三开间，占地面积154平方米，装饰以木雕见长，宅第内井檐裙板，自下而上有五道板组成，底层雕瑞兽，第二道雕蕃莲卷草，第三道雕牡丹秋菊，第四道雕灵芝如意，第五道雕定瓶荷叶。二十八号宅为三开间，占地面积187平方米，以石雕为其特点，宅第门罩采用麻石料凿制，筑仿木结构四柱

程氏三宅之务本堂门景

程氏三宅中以木雕取胜的务本堂天井

程氏三宅中以石雕取胜的修敬堂

三门门楼，其正楼和次楼均以斗科相托。石制额枋雕飞凤牡丹，下额枋雕双狮抢球，绸带飘拂，翻卷自然。

六号宅楼存有明天启元年（1621年）买卖房契一张，现藏黄山市屯溪区文物管理所。在楼层太师壁西侧壁门上，留有徽派明代木刻彩画一张，画面虽已剥落，但人物形象、线条、色彩仍清晰可辨，两物可为建筑年代的佐证。从买卖房契可知，至少在明天启元年（1621年），程氏三宅即已成为交易的主体，证明其建筑年代不晚于此年，像这样有明确建筑年代文献记载的明代古民居，在徽州尚不多见。

程氏三宅天井的内檐斜撑均雕灵芝如意，采用透、剔、掏挖等手法，雕六朵层次叠摞的灵芝卷瓣，使整个装饰物形成六面观看的花罩，同时，又将卷瓣的起凸面，分层次雕刻，使卷瓣脉络清晰，完全立体化。这种雕饰，既继承宋代《营造法式》采地雕的技巧，又糅和明代透雕风格，是徽州宅第木雕装饰的典型代表。

程氏三宅2001年由国务院公布为第五批全国重点文物保护单位。

溪头三槐堂

溪头三槐堂位于休宁县城南8公里处的秀阳乡溪头村。建于明代，系明万历二十五年（1597年）丁酉科乡举王经天的故宅，也是当时王氏族人聚族议事和举办喜事庆典之所。因《宋史·王旦传》内有“旦父佑手植三槐于庭曰：吾之后必有为三公者”一说，王氏后人即以三槐为典故，堂名取“三槐堂”。

溪头三槐堂外景

溪头三槐堂建在溪头村中心，坐北朝南，占地面积达900多平方米，背靠群山，面临溪水，选址讲究，环境幽雅。该建筑为砖木结构，外观呈高墙封护式，白墙黑瓦，庄重大方，由门前广场、门屋、享堂、寝殿组成，后进寝殿已毁，现仅存门屋和享堂。

大门后退，建门廊三间，大门包以铁皮、门钉，铺着皆为

三槐堂内景

三槐堂满堂柱

铁制。门屋中三间为过厅，东西两侧各有一厢，每厢各三间，过厅与厢之间为塾，各一间，这样总面阔达十一间。享堂面阔九间，中三间为朝堂，贴梢间的次间为夹室，东西屋间之外为过道，东西梢间、尽间为厢，并设有夹层，向外出挑。整个祠堂内部雕刻工艺精湛，技法细腻，尤以木雕著称。

三槐堂前廊木雕

溪头三槐堂的梁架结构比较复杂，多处采用草架。梁架的柱大多为梭柱，柱下础石除门廊础为圆形覆盆外，其余均呈八边形，简洁大方。整体结构规矩严谨，以大门为中轴线向两边延伸，室内遍布“满堂柱”，以柱、梁、枋之间的榫卯契合支撑起整座建筑，在视觉上拓宽了内部空间。它将各种不同功能的房屋组合在一组建筑之中，但主次分明，均衡有序，每个单元都以天井通风采光，既互相联系又相对独立，其平面布局之复杂，为徽派祠堂建筑所少见，故在当地又被称作“金銮殿”。该建筑在建筑形制、平面布局、内外部装饰等多方面都反映了明代中期徽派祠堂建筑的特点，是研究当时徽派建筑风格、三雕工艺以及当地宗法制度的重要实物史料，堪称徽州祠堂建筑瑰宝。

溪头三槐堂2006年由国务院公布为第六批全国重点文物保护单位。

郑氏宗祠

郑氏宗祠位于歙县郑村镇郑村，距县城西5公里。始建于明成化丙戌（成化二年，1466年），明万历四十三年（1615年）扩建祠前石坊，重整祠堂规模保存至今。因额枋上镌有“奕世忠贞”，时称“忠贞祠”，又名“师山先生祠”。

郑氏宗祠坐西北朝东南，面阔24.9米，通进深73米，包括祠前的门坊、门前坦在内，占地面积1856平方米，其规模宏大，空间层次丰富，大门前建有四柱五楼门楼式石坊，麻石墁地的门前坦中轴线上，依次为门屋、廊院（明堂）、享堂、天井及寝堂。

师山先生，姓郑名玉，字子美（1298～1358年），歙县人，元代著名学者、教育家。元至正年间，朝廷授以翰林待制、奏议大夫之职，郑玉辞不为官，隐居乡里，创办“师山书院”，授业解惑，远近闻名，人称“师山先生”。明初朱元璋攻占徽州时，守将拘他为官，他不愿身事二朝，自缢明志，以身殉节，族人以此显荣，民间私谥“忠贞先生”。至今黄山逍遥溪中尚有“郑公钓鱼台”遗址，温泉石壁存有郑玉摩崖石刻。

祠前石坊，灰凝石质，三间四柱五楼木栅门，坊柱梁额遍布锦纹雕饰，典雅工丽。额枋上正面原镌有“奕世忠贞”，背面镌有“名宗孝祀”、“直隶江南徽州知府洪有助、同知嵇汝沐、通判郭钟秀、知县□□，万历乙卯孟秋同题”，“裔孙允中、学

郑氏宗祠全景

郑氏宗祠寝堂

诗同立”等字样，惜毁于“破四旧”时。

过门前坦即是前进门屋。七开间，内柱纵向装修隔断，形成前后门廊。檐柱采用木、石组合柱。大门明间及次间高出两侧梢间、尽间，悬山屋顶，外檐六铺作，柱头施插栱，补间铺作皆用斜栱。中门前置抱鼓石，左右厢墙设东西向边门，供日常下人出入。廊院宽敞，青石铺就400余平方米，中有甬道，廊院及天井两侧均置廊庑。

中进享堂，五开间，梁柱用材硕大，楹柱需两人合抱；享堂悬匾曰“济美堂”。雀替、叉手、瓜柱、平盘斗与垫木等处，均施云头卷草雕饰。前檐柱与内柱间为轩，轩地面降一步，与两侧廊庑相连，形成廊院。梁架采用草架复水椽，四椽木栿加前杆后架，除山面用穿逗式梁架外，不用中柱，梁及阑额均采用徽州月梁做法，形成一高敞的主空间。前檐木、石组合柱，石柱方47厘米。柱头施插栱，五铺作，用斜栱。补间铺作采用江南地区丁字牌科做法，仅外拽部分有枫栱。翼栱、翼板均透雕图饰。内柱用木梭柱，明间缝内柱直径达57厘米。后进寝堂七开间，高出地坪1米许，设三踏道，各七级。后檐柱与内柱间的梢间缝之内为神龛。山墙砌出混水博缝。

郑氏宗祠为典型徽州廊院式祠堂，规模宏大，在徽州古建中，仅次于罗东舒祠。其三进两明堂，腰廊缦徊，檐牙高琢，空间层次丰富，建筑古雅壮观，具有独特风味。郑氏宗祠中进享堂为典型的明代江南厅堂式建筑，其大木构架古朴典雅，工艺

乐善好施坊

命涣丝纶坊，四柱三间，冲天柱式，建于明天启二年，乾隆六十年重修。为旌表明嘉靖兵部侍郎赠工部尚书鲍象贤效忠明王朝而建。

乐善好施坊，清嘉庆二十五年建。冲天柱式，四柱三间，通面阔11.82米，进深2.85米，高11.7米。大小柱额都不加纹饰，唯挑檐下的栱板镌刻花纹图案，此坊为旌表诰授通奉大夫议叙盐运使司鲍淑芳同子鲍均济困扶贫、办学修路等义举而建。

矢贞全孝坊，清乾隆四十一年建。背镌“立节完孤”，旌表鲍文龄妻汪氏节孝。

节劲三冬坊，清乾隆三十二年建。旌表故民诰赠朝议大夫鲍文渊妻诰封恭人吴氏节孝，背镌“脉存一线”，石坊结构同乐善好施坊。

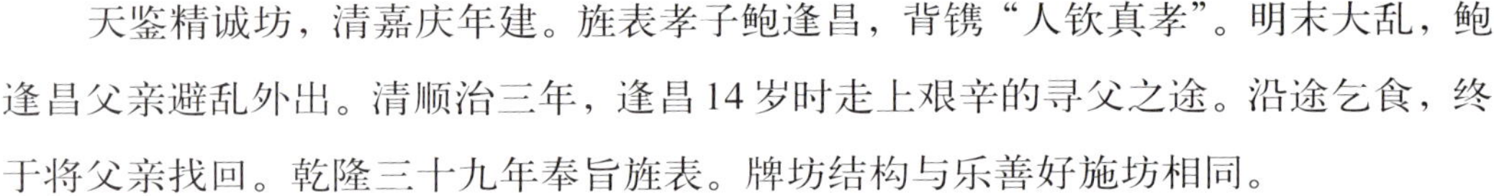

天鉴精诚坊，清嘉庆年建。旌表孝子鲍逢昌，背镌“人钦真孝”。明末大乱，鲍逢昌父亲避乱外出。清顺治三年，逢昌14岁时走上艰辛的寻父之途。沿途乞食，终于将父亲找回。乾隆三十九年奉旨旌表。牌坊结构与乐善好施坊相同。

骢步亭是一座路亭，四角攒尖式，翼角飞翘，灵巧精致。门额上有清朝著名书法家邓石如题“骢步亭”三个篆字，建于清朝乾隆、嘉庆年间。在牌坊群的南边还分别建造了祭祀鲍氏先人的男祠和女祠。

棠樾石牌坊群，忠、孝、节、义俱有。清乾隆皇帝曾为棠樾的鲍家祠堂御书“慈孝天下无双里，锦绣江南第一乡”的对联，称赞棠樾人的慈孝忠义。棠樾牌坊群作为历史的见证，记载了鲍氏族人的显贵和荣耀，刻下了孤儿寡母的血泪和辛酸，凝聚着古代劳动人民的智慧，是徽州石材建筑的珍品，是研究古典建筑和明清社会的重要实物资料。

棠樾石牌坊群1996年由国务院公布为第四批全国重点文物保护单位。

棠樾石牌坊群与骢步亭

呈坎村古建筑群

呈坎村古建筑群位于黄山市徽州区呈坎村。现存建筑多为明、清时期。呈坎古村落始建于唐末，宋、明、清发展壮大。该村落选址于“山水环绕、五星朝拱”之地，规划建设体现了“枕山、环水、面屏”的风水理念和“前面河，中间圳，后面沟”的思路，构建了五街九十九巷的总体框架。

呈坎村现保存明清时期建筑达一百四十余处，其中最具代表性的为包括长春社在内的二十处明清古建筑群，包括一处祠堂、一处社屋、一处更楼、两处石桥和十五处民宅。罗东舒祠位于村西端，始建于明弘治年间，为呈坎罗氏宗祠，规模宏大，进深达150米，面宽29米，素有“江南第一祠”之称；长春社位于村南，始建于宋，明嘉靖年间重修，为呈坎罗氏以及附近村落百姓祭祀土地神、五谷神的场所，由社屋坦、门厅、两庑廊、正堂、寝殿及前后天井组成，门前社屋坦360平方米，砖石铺砌，正堂南北设夹室，后寝梁枋上有花鸟彩画。钟英更楼位于街巷中心点（又称过街楼），是古村打更巡夜提供瞭望及报时场所，设计灵巧，是族人实行社区管理的重要设施之一。环秀桥、隆兴桥位于村中和村外水口，是进出村的要道，也是村人游

环秀桥

石柱厅及钟英街

桂花厅

憩之所，造型优雅，是古村的标志性建筑。遍布街巷的十五处民居建筑类型丰富，既有显赫的官厅，又有朴素的民宅，还有徽商的寓居所，建筑风格多样。一些民居保留了不少宋、元旧制和建筑工艺，如穿逗式梁架童柱端琢成鹰嘴榫、柱头置栌斗承檩等。一些民居还使用一些别出心裁的构造手法，创造了民居建筑中的孤例，如燕翼堂门廊内的圆形透雕栌斗、罗进木宅底层“二层梁”以及文献祠内五架梁上支栌斗承五架枋等。特别是该村落保存了燕翼堂等四处共十二幢明代三层民居，为徽州地区保存明代三层民居最多的村落，是研究古代徽州三层民居的珍贵实例。

呈坎村古建筑群2001年由国务院公布为第五批全国重点文物保护单位。

罗润坤宅院景

长春社

呈坎村南水口处隆兴桥

呈坎村全景

宏村古建筑群

宏村古建筑群位于黟县东北部宏村镇宏村。宏村，又名泓村，北靠黄山余脉雷岗山，西傍浥溪河、羊栈河，占地280000平方米。宏村始建于南宋绍兴元年（1131年），有400多年历史的水圳穿村而过，在村中心和村南分别形成两处大小不等的水面——月沼和南湖，控制着整个村落的形态，形成宏村独特的村落风貌。村内街巷多依水而建，采用石板铺地。村落平面采用牛形布局，水圳是牛肠，月沼是牛心，南湖是牛肚，村头两株大树为牛角，鳞次栉比的古民居为牛身，跨溪四座古桥是牛腿。全村现有明清古建筑一百零三幢，主要有书院、祠堂、众多的住宅与私家园林，体现了深厚的徽州文化内涵，是徽州建筑文化的典型代表。主要建筑有水圳、南湖、月沼、敬修堂、根心堂、南湖书院、敦厚堂、承志堂、汪大燮故居、树人堂、三立堂、冒华居、敦本堂、乐叙堂等等。

水圳也称水沟，兴建于明永乐初年。水圳分作大小水圳两个部分，大水圳全长716米，分为上水圳、中水圳、下水圳三段，向东流入南湖。小水圳全长552米，南转东出，流向田地。圳两侧陆续建水园庭院。使整个村落百家活水通畅。

南湖，始建于万历三十五年（1607年），面积2万多平方米，总面阔133.93米，南湖进水口位于北岸中坝处，出水口有五处。贯穿

宏村村口

宏村南湖

黄山市

乐叙堂砖雕门楼

湖心的堤坝上有拱桥，一年四季均有活水流淌。

月沼，又称月塘，呈不规则半圆形，建于永乐年间。塘北弦部笔直，长 50 米，周长 147.47 米。面积为 1206.5 平方米。塘深 1.5 米左右，容水量为 1500 立方米，北侧塘底有少量泉水冒出，主要塘水是小水圳引来的西溪水。北岸有十二根石柱和石栏板组成 50 米长的石护栏，石柱头或圆或方，雕饰莲花纹。

敬修堂，俗称月塘上新屋。位于月沼北侧，建于清道光年间（1821～1850 年），

占地面积314.24平方米。坐北朝南，正厅前为前院。屋基高出月塘地面二尺余，地面青石铺墁，庭院内正中为正厅大门，门罩饰有花瓶、松鹤同庆、福寿双全、麒麟送子等石雕图案。内门罩描有戏文图，结构疏密适度。房屋东侧有偏厅、厨房，结构规整。

南湖书院，位于南湖北畔，明末在此建六所私塾，又称“依湖六院”，清嘉庆（1810～1814年）间将依湖六院合并重建，现占地面积618.11平方米。书院由志道堂、文昌阁、启蒙阁、会文阁、望湖楼、祗园六部分组成，坐北朝南，东侧轴线上三进三间，自南至北依次为前进门厅，前天井，中进志道堂，后进文昌阁。正间额梁及正门上原悬挂“南湖书院”及“以文家塾”匾。

承志堂，建于清咸丰五年至十年（1855～1860年）。是清末大盐商汪定贵的住

承志堂金漆木雕

承志堂内景

承志堂木隔扇

承志堂小天井

宏村小巷

宏村月沼及周边民居建筑群

宅。布局严谨，功能分区合理，内部砖、石、木雕装饰富丽堂皇。正厅为三开间两进，左右有小厅堂，还有书房厅、鱼塘厅以及娱乐场所拓山阁、吞云轩等，全宅有九个天井，大小房间六十间，建筑面积3000余平方米。

宏村独特的山水村落环境，是中国乡村规划、营造的典范，2000年被联合国教科文组织以“皖南古村落”名称列入世界文化遗产名录。

宏村古建筑群2001年由国务院公布为第五批全国重点文物保护单位。

西递村古建筑群

西递村古建筑群，位于安徽省黟县东南部西递村境内。西递村始建于公元11世纪，其四面环山，两条溪流从村北、村东经过村落，在村南会源桥汇聚。又因在村西1.5公里处是古代的驿站，又称“铺递所”，西递之名由此而来。西邻龙江乡、碧阳镇，南邻渔亭镇，面积近13000平方米。

村落以一条纵向的街道和两条沿溪的道路为主要骨架，构成东向为主、向南北延伸的村落街巷系统。所有街巷均以黟县青石铺地，古建筑为木结构、砖墙维护，住宅大多临水而建，在敬爱堂、追慕堂、胡文光刺史牌坊等公共建筑前均留有小型广场。西递村是以血缘关系为纽带的胡姓聚居的村落。现保存明、清古民居一百二十四幢、祠堂三座。整个村庄东西长700米，南北宽300米。有祠堂、书院、牌坊、桥梁、民宅和私家园林等建筑。胡文光刺史牌坊位于村口，整体青石构成，建于明万历六年（1578年），坊基周围占地100平方米，坊高12.3米，宽9.95米，系四柱三间五楼单体仿木结构，全坊以四根60厘米见方抹角石柱为整体支柱，上雕菱花图案。整个牌坊的选址、造型布局，建筑结构等，都具有浓厚的民族传统风格。

西递村的园林建筑很有特点，庭园园林大都小巧玲珑、布局紧凑，主要建筑有

西递村胡文光刺史牌坊

西递村辉公祠砖雕门罩

西递村胡氏宗祠敬爱堂

瑞玉庭、桃李园、西园、东园等。其中桃李园建于清咸丰年间（1851～1861年），坐南朝北，占地面积294平方米，为三进三间二楼结构。进深用三处天井串联中轴线。二、三进之间用砖墙隔置，中间有门相通，上嵌书法家汪思道撰书“桃花源里人家”青石门额；后进与前三进在整体之中又分别独立存在。二进楼上设有“楼上井”，围以雕栏，为厅堂采光设置，后进三间的两侧次间有花扇门十二块，门上镶有漆雕《醉翁亭记》全文。

祠堂有敬爱堂、追慕堂、七哲祠等，其中以敬爱堂为代表，坐落于村中心，始建于明万历年间，明末重建，清初落成。西递胡氏多属其后裔，敬爱堂遂为族祠。祠堂占地面积1755平方米，结构粗犷古朴，为三进五开间，分门厅、祭祀大厅、寝殿。祠堂命名“敬爱堂”，既启示后人须敬老爱幼，又示族人须互敬互爱。

西递古村落的选址、规划建设，遵循了有着两千多年历史的周易风水理论，强调“天人合一”和充分尊重自然的思想，形成村落与山水、自然环境的和谐统一。西递保存完好的明清古建筑群，以其“布局之工、结构之巧、装饰之美、营造之精”，被誉为“中国明清民居博物馆”。2000年西递村被联合国教科文组织以“皖南古村落”为名列入世界文化遗产名录。

西递村古建筑群2001年由国务院公布为第五批全国重点文物保护单位。

西递村民居及街巷

南屏村古建筑群

南屏村古建筑群位于黟县西武乡南屏村。南屏村始建于北宋，现存主要为明清时期建筑。该村东临碧阳镇，北至碧山乡，因村北有势如屏障的南屏山而得名。全村占地16.2万平方米，环境优美，村东西两侧的干溪汇入村北的西瓜河东流而去。全村现存三百幢古民居，包括八座祠堂和诸多古民居建筑，另有古井三十六眼及七十二条古街巷。主要建筑有叙秩堂、叶奎光堂、孝思楼、敦睦堂、慎思堂、倚南别墅、叶姜生宅、冰凌阁、半春园等。

叙秩堂，为叶氏宗祠，建于明成化年间（1465～1487年），清嘉庆三年（1798年）重修。坐东朝西，占地近1200平方米。祠里歇山重檐，左右对称，祠堂共有八十根粗大圆柱，三进二天井，大门两侧有一对"黟县青"石鼓。

叶奎光堂，为叶姓的支祠。建于明弘治年间（1488～1505年），清雍正十年和乾隆五十二年曾重修，是南屏叶姓祭祀四世祖叶圭公的会堂，坐东朝西，占地1200平方米，共有银杏木大柱八十六根，三进两天井，结构庞大，气势恢宏。

孝思楼，又名小洋楼，坐东朝西，建于清末，建成时一体四宅，有过街楼和连廊相连通，其建筑吸取罗马建筑中的半圆拱门和窗户形式，洋楼为四层

叶氏宗祠门景

叶氏宗祠门前抱鼓石

南屏村古建筑群

建筑，平面无明显轴线，其一、二层采光多用窗户，三、四层由屋脊中央挑出楼梯。室内空间丰富，极少装饰。

敦睦堂，坐北朝南，建于清同治年间（1862～1874年），占地近470平方米。坐北朝南，大门开在中轴线上，二进三开间二天井、前后廊，二层建筑，左设厨房、偏厅，后设庭院。主屋方柱，内青砖铺地，照壁及侧门均可开启，前后堂天棚均为花草彩绘。二层神龙保存较好且精美，有圆柱冬瓜梁额枋状，门楼雕刻为人物故事；厨房二层、圆柱、内青砖铺地，有方形石制贮水池。

慎思堂，建于道光年间（1821～1850年），坐东朝西。前后二进的廊步三间屋。青砖门罩大门，庭院内石凳石几齐全，左侧套有小园，隔墙上有一大型漏空花窗，小门门楣有“瑞霭”石刻。

倚南别墅，又名养老厅。建于清末，坐南朝北，占地面积143平方米。由一大三

叶氏支祠门景

慎思堂内景

叶氏支祠奎光堂

敦睦堂内景

间配两小三间构成，大三间为正厅，两处小三间，各为一偏厅，厅左为小厨房，厅右为卧室，均为不规则形，设计精巧，构成“两江春水当门绕，一色天光入户来”的意境。

南屏村整个村落布局完整，结构紧凑，保存较好，建筑朴素典雅，充分利用砖、木、石进行各种题材的雕刻，有着较高的历史、艺术研究价值。

南屏村古建筑群2006年由国务院公布为第六批全国重点文物保护单位。

南屏村老街

祁门古戏台

祁门古戏台分布于黄山市祁门县新安乡和闪里镇，共有十一处。其中新安乡八处，包括余庆堂古戏台、聚福堂古戏台、叙伦堂古戏台、大本堂古戏台、和顺堂古戏台、顺本堂古戏台、敦化堂古戏台、新安古戏台；闪里镇三处，包括会源堂古戏台、敦典堂古戏台和嘉会堂古戏台。这些古戏台风格各异、各具特色，是明清以来徽州宗祠戏台的代表。

余庆堂古戏台，位于珠林村赵氏宗祠余庆堂内，俗称“万年台”，建于咸丰初年(1851～1853年)，建筑面积504平方米。戏台台面距地面2米，分前台和后台部分，前台又分正台及两厢。戏台正立面制作工艺讲究，斗栱、内外额枋、斜撑、月梁等雕刻着各种精巧的人物、戏文、花鸟等图案。穹隆式藻井，看台雕刻有精致的隔扇棂花窗和精美的花鸟和人物故事浮雕，装饰性很强，富有感染力。该戏台是祁门所有戏台中最精美的一处，保存得也最为完好。

聚福堂古戏台，位于叶源村王氏宗祠聚福堂，建于清早期。宗祠共三进、三开间，现存前进门厅古戏台及享堂、边廊、寝堂。戏台与前进门厅为一体，台面分左右两部分，可拆装。

珠林村余庆堂戏台

余庆堂戏台木雕之一

余庆堂戏台木雕之二

聚福堂惩戏碑

叶源村聚福堂戏台

会源堂古戏台，位于坑口村东陈氏宗祠会源堂，建于明万历十五年（1587年）。戏台雕梁彩宇，装饰性较强。戏台为固定式且不设大门，是一大特色。台前设有石雕栏板，两侧与看台相连。天井为青石板铺地，十分整齐，该戏台规模最为宏大。

敦典堂古戏台，位于磻村陈氏宗祠敦典堂，建于清同治年间（1862～1874年）。戏台小巧玲珑，穹隆式藻井，为可拆卸活动式戏台，以漆髹饰表面，柱身为黑色，隔扇、

坑口村会源堂戏台

敦典堂戏台藻井

磻村敦典堂戏台

月梁等为朱色，含有外来文化的浓郁色彩。整个戏台布局紧凑、简洁而又趋于变化。

嘉会堂古戏台，位于磻村，建于清同治年间（1862～1874年）。戏台部分通面阔10.3米，进深7.63米。戏台柱除祠堂本身结构主柱外，另根据台面设置需要附加短柱支撑台板，为可拆活动式戏台，小巧玲珑。

祁门古戏台是徽派建筑中保存完整、数量庞大、构造装饰精美、形式统一的古代建筑，也是研究徽州戏曲艺术、民俗以及徽州建筑等方面的宝贵历史实物资料。

祁门古戏台2006年由国务院公布为第六批全国重点文物保护单位。

良禾沧村顺本堂戏台

长滩村和顺堂古戏台

许村古建筑群

许村古建筑群位于歙县许村镇许村、高阳村、东升村、环泉村中。现保存有明、清和民国时期建筑一百余座。许村呈“二龙戏珠”、“倒水葫芦”的风水形态，昉、西二溪交汇在高阳桥下，流入练江。村中明代建筑数量多、品类齐全，保存了较多的宋元建筑做法，如梭柱、榱、哺鸡兽、上昂式挑斡、插栱、彩绘等，是研究古代建筑史的重要实物资料。典型的建筑有高阳廊桥、五马坊、许社林宅、薇省坊、大观亭、大邦伯祠、双寿承恩坊、大郡伯第门楼、大墓祠、大宅祠、三朝典翰坊、观察第、双节孝坊、许声远宅、许有章宅等。

高阳廊桥，始建于元，明嘉靖三十六年（1557 年）重修，并建桥廊。清康熙二十二年（1683 年）重修。桥长 21 米，宽 5.3 米，廊内七间，建筑面积 125 平方米。两侧置坐凳，中部三间有天花，其余四间为彻上明造。桥廊外观分为三大间，中间屋面略高，使山墙脊线参差错落。

大观亭，建于明嘉靖三十年(1557 年)，清康熙二十二年(1633 年)重修，三重檐亭

许村古建筑群

双寿承恩坊与大观楼

高阳廊桥内景

高阳廊桥

大邦伯祠内景

阁式建筑，通高11.75米。底层、二层作八边形，底层每边长3.5米，占地64.6平方米，建筑面积59平方米；三层为虚阁，平面长方形；亭南、北辟门，中穿道路。

大邦伯祠门景

双寿承恩坊，建于明隆庆二年(1568年)，四柱三间五楼式石牌坊，宽7.9米，高9.5米，建筑面积18平方米。坊直柱、下枋、檐板和明间柱前后的四只奔狮等构件为花岗岩。其他花板、梁枋等雕刻构件为砂岩，雕饰精美。

五马坊，建于明正德二年（1507年），为福建汀州府知府许伯升立。四柱三间五楼式石牌坊，宽8.2米，高9.7米，建筑面积20平方米。直柱等主要构件为花岗岩，其余为砂岩。

薇省坊，建于明嘉靖二年（1523年）。四柱三间五楼式石牌坊，宽8.8米，高11米，建筑面积20平方米，直柱等主要构件为花岗岩，梁柱、花板用砂岩，雕刻精美的纹饰。

大邦伯祠，建于明嘉靖年间(1522～1566年)。坐北朝南，三进五开间，外加一门楼，面阔18米，进深60米，占地面积1080平方米，建筑面积862平方米。由门楼、两庑、享堂、寝楼组成。

竹山书院

竹山书院位于黄山市歙县雄村乡雄村桃花坝上。系清代雄村曹氏族人讲学之所，并具有教化之责。清代名人沈德潜、袁枚、金榜、邓石如等曾来此讲学。清乾隆二十年至二十四年(1755～1759年)建成，现存大部分建筑为原构，是留存至今保存较好的一座徽州书院。占地约2000平方米，建筑面积1218平方米。书院主入口为四柱三楼砖门楼，门额“竹山书院”四字，传为清代书法家邓石如所书。整个建筑分为讲堂和园林两部分。讲堂为合院建筑，有堂、斋、廊等。堂北有斋，中设天井；斋后为厨房。园林位于讲堂之北，主要建筑有清旷轩、文昌阁、百花头上楼、眺帆轩等。清旷轩为园中主要建筑，园林前部稍突于讲堂，并于东南隅增设一园门。园东面作开敞式处理，面山临江，仅筑矮墙分隔内外，青山梵寺，风帆入座，充分利用借景的造园手段。其余三面环以建筑，形成主景庭院。建筑和景点之间以廊庑联系，延纾数十米，曲折有致。院中平岗叠石，桂树飘香，十分幽雅。

竹山书院门景

清旷轩及桂花庭

眺帆轩

文昌阁

百花头上楼

明清时期徽商兴盛，徽州的教育十分发达，一府六县共建书院五十五所，雄村曹氏系新安望族，清初业盐，为两淮八总商之一。同时明清两代曹氏有进士、举人53名，其中著名的有户部尚书曹文埴、军机大臣曹振镛等。竹山书院建成时期正值中国古典园林的成熟后期，也正是徽州造园活动的鼎盛时期。竹山书院的规划和营造都达到了徽州传统建筑园林最高技术和艺术水平，集中体现了徽州园林的主要成就，是明清时期徽州水口园林的杰出范例。园林采用园中园布局，并以借景手法将渐江、竹山景致纳入园中，而园林本身的山池则稍事点缀，与优美的自然环境融成一体。设计还运用多种手法拓深意境，将书院园林主题发挥得淋漓尽致。栽杏象征杏坛讲学，植桂以寓“蟾宫折桂”；壁间刻赋，廊内嵌碑，文思优美、书法精妙，与园林情景交融。由于受明末清初形成的新安画派画风影响，竹山书院园林保持了宋、明以来园林的简远、疏朗、天然、雅意特色。园内建筑采用徽州民居传统形式和处理手法，饰以砖、木、石三雕，质朴自然，雅健明快。清旷轩与百花头上楼之间的小天井，弹丸之地，所叠壁山却甚显峭伟。

竹山书院2006年由国务院公布为第六批全国重点文物保护单位。

竹山书院讲堂

竹山书院内园林小品

竹山书院回廊

齐云山石刻

齐云山石刻位于休宁县城西15公里的齐云山上。该山因“一石插天，直入云端，与碧云齐”，故谓之“齐云”。景区有三十六奇峰，七十三怪岩，二十四幽涧，还有诸多的洞、瀑、泉、湖等自然景观，清乾隆帝下江南时，曾题联赞其为：“天下无双胜境，江南第一名山。”如此胜境吸引了众多的文人墨客和香火信徒，或赋诗题词，或树碑为记，被能工巧匠们镌刻于青石和悬崖峭壁之上，形成了蔚为壮观的齐云山碑刻及摩崖石刻，为齐云山人文景观最主要的内容。

齐云山是中国四大道教名山之一，始兴于唐。宋、明间香火极盛，游人如织。据史料记载，宋至民国间山上留下的摩崖石刻及碑刻有1400余处。其中年代最早的为北宋大观和南宋绍熙年间的石刻，数量最多的为明、清两朝石刻和碑刻，其文字内容受新安理学和徽州文化的影响，融儒、道、佛三教为一体，书法有楷、行、草、隶、篆诸体。大字丈余，小的尺碑千文，文体有诗词、传、赞、碑铭、赋记、颂、流文、表、会记及楹联、佳句等，流派纷呈，风格各异。有的雄劲豪放，有的柔婉秀丽，有的刚劲傲骨，有的飞龙走蛇；或以气胜，或以姿长，内容涉及寺观兴建、自然风光等，涵盖了地理、宗教、经济等方面。刻文多出自徽州名人如汪道昆、查士标、汪由敦等文人之手，其雕琢者又都是徽州石工，刻工精炼娴熟，不失原作神韵，珠联壁合，展示了徽州文学和徽派石雕工艺相融合的强大魅力。在众多的碑刻中，规模最大的是矗立于玉虚宫左紫霄崖下的《紫霄宫玄帝碑铭》，高达760厘米，宽140厘米，为明代著名书画家唐寅所撰写，文笔流畅，书法工整苍秀。崖刻题字，尤以“天开神秀”、“齐云胜景”、“亘古

齐云山摩崖石刻之一

齐云山摩崖石刻之二

齐云山寿字崖

唐寅撰《紫霄宫玄帝碑铭》

陵十王四妃坟、龙兴寺、中都留守司及八所一卫、凤阳府治、凤阳县治等建筑。殿坛建筑“上以画绣”，石构件“雕饰奇巧”。直到建国初，皇城尚保存完整。1968年前后大部被拆除，仅存皇城午门、西华门及西城垣。中都城砖包的城垣地段，土埂壁立，城垣基址宛然。皇城内外殿坛势如山峦，城门高若岗阜，护城河基本保持旧观。尤其是大殿的蟠龙石础，以及殿前后左右的高台石栏板、望柱，御道丹陛石雕，午门基座长达400余米的汉白玉浮雕等，更是不可多得的石雕艺术品。在建筑艺术上，中都城是后来改建南京和营建北京的蓝本，在中国古代都城发展史上占有重要的地位。

明皇陵在中都城西南7公里处，陵墓中安葬着朱元璋父母及兄嫂、侄儿。皇陵外有城垣，内有护所、祭祀设施，陵前竖起高大的皇陵碑和成双成对的石象生，皇陵是椭圆形覆斗式大平顶，封土堆底边东西长50米、南北宽35米，占地面积1750平方米。陵前神道长257米，两旁对称排列着雕琢精美的三十二对石象生，自北而南依次为独角兽、石狮、石华表、马官、石马与控马者、石虎、石羊、文臣、武将、内侍，是目前所知明代时间最早、数量最多、刻工最精细的皇家陵园石刻，具有很高的艺术价值。神道南端东西两边各竖立一块大碑，东为无字碑，西为皇陵碑，均高6.87米。皇陵碑碑文系朱元璋亲自撰写，是珍贵的史料。

明中都皇故城及皇陵石刻1982年由国务院公布为第二批全国重点文物保护单位。

午门须弥座石刻

明中都皇陵碑

明中都皇陵神道石刻

皇陵神道石刻卧羊

皇陵神道石刻宦官牵马

明中都城附属建筑

明中都城附属建筑包括圜丘、方丘、涂山门、观星台。圜丘遗址位于凤阳县城西乡龙盘村中部；方丘遗址位于凤阳县门台镇陈嘴村东；涂山门在凤阳县城西乡地子庵村西北200余米处；观星台位于凤阳县府城镇东部独山之巅。圜丘和方丘是洪武初年祭祀天地的场所，涂山门是明中都城西垣唯一的一座门，门址夯土台基仍保持原来轮廓，是中都城九门中保存最为完整的一个城门遗址。

圜丘建于明洪武四年（1371年）。洪武八年，朱元璋曾往圜丘祭天。天启元年《凤阳新书》云："殿垣久废基址存。"建国后，圜丘主要殿址已不存，尚存圆形基址。圜丘遗址南北长238米，东西宽234米，外围宽30米的一圈深沟，遗址中部土台高5米，北部高8米，经调查勘探，证实圜丘建筑别具一格，是一座直径1.1公里的圆形建筑区，外围建有护墙，四条宽20米由块石铺成的通道从四面通向圆心的祭天圜丘。

方丘又名方泽，明洪武四年正月建。天启元年《凤阳新书》云，方丘"殿宇树林，因近淮水，淹没"，"坛址存"，尚有"留守左卫巡守"。清乾隆《凤阳县志》则云："方丘，今土名方丘湖，夏秋水发，灏瀚至山根，水落则一片平荒，略无方丘形迹。"方丘斋宫台址尚存，为一高大平台。北部为祭殿台址，高出平地近2米，较为完整，东西宽63.5米，

方丘

圜丘

涂山门遗址

南北长29.5米，其上布列石础十八个，分三排，每排六柱，可知殿为五间。今殿址上遗物皆毁，遗址尚存。方丘斋宫遗址略呈方形，每边220米，面积4.48万平方米。中部有一扁形高台，南北长78米，东西宽160米，当为祭殿遗址。

涂山门是中都西垣唯一的一座门，位于正中偏南，因“禹会诸侯于涂山”之涂山距此不远，故名。现今涂山门遗址平面呈长方形，北部和南部土台陡壁如峭。南土台东西长15米，南北宽11米，高5米，北土台东西长16米，南北宽10米，高6.2米，基本保持昔日夯土台基的轮廓。

观星台，又称钦天监、观象台。明洪武五年七月始建，七年七月已大致完工。台为三层，上有“浑天之仪、璇玑、玉衡铜盘天文仪器。平面呈南北长方形大平台，南北长65米，东西宽45.5米，面积约3000平方米，四周有宽1～2米的圩埂，平台中部呈一圆形山顶，高出平台约10米。顶尖为一直径5米的圆平面。由于中都城建在原土层上，地层未经扰乱，遗址清晰可辨。中都城砖包的城墙地段，土埂壁立、土筑的城墙基址宛然。

观星台遗址远眺

明中都城附属建筑2006年由国务院公布为第六批全国重点文物保护单位合并项目，归入第二批全国重点文物保护单位明中都皇故城及皇陵石刻。

半塔保卫战旧址

半塔保卫战旧址位于来安县半塔镇烈士陵园内，占地350亩，总建筑面积近4000平方米。主要建筑有纪念塔、纪念碑、刘少奇在皖东纪念馆、半塔革命纪念馆及烈士墓群。

半塔集地处苏皖两省五县交界处，四周丘陵起伏，战略地位重要。1939年冬，以罗炳辉为司令的新四军第五支队，开辟了以半塔集为中心的皖东津浦路东抗日游击根据地，初步打开了皖东路东敌后抗战局面。1940年3月21日，国民党韩德勤部调集八个团兵力，向我五支队指挥机关所在地——半塔集及附近地区发动全面进攻。当时留守半塔地区的只有五支队第十团、第十五团各一部和一个特务营以及机关工作人员和教导队五百余人，我在半塔地区的总兵力约三千人。在兵力众寡十分悬殊的情况下，我路东留守部队在邓子恢、郭述申、周骏鸣的指挥下，从3月21日拂晓到3月27日晚，固守半塔七昼夜，击退顽军多次进攻。路西反顽大捷后，张云逸、罗炳辉率主力昼夜兼程，回师路东。江南指挥部指挥陈毅亦命令挺进纵队叶飞、苏皖支队陶勇率部驰援半塔。我军于3月29日开始分三路全线反击，至4月9日，路东地区反顽作战胜利结束。此役，史称半塔保卫战。此役创造了以少胜多，以弱胜强，“固守待援”的范例。陈毅同志曾说，在华中先有半塔，后有郭村，有了半塔，就有了黄桥。1944

半塔保卫战旧址全景

联防办事处和皖东省委在半塔驻地旧址

新四军二师医院开刀房旧址

年3月，新四军二师和淮南行政公署决定在半塔保卫战旧址上修建烈士纪念塔一座，1958年10月，来安县人民委员会开始续建纪念塔，并以纪念塔为中心，兴建半塔烈士陵园。1960年烈士纪念塔竣工。陈毅题词"革命先烈永垂不朽"。张云逸于1964年撰写了《半塔烈士纪念碑记》。1985年，来安县人民政府在半塔保卫战旧址上，增建一幢337平方米的纪念馆。与1958年建的纪念馆，形成前后两进，中间自然形成院落占地2400平方米。

半塔集是全国十九个抗日根据地之一——淮南抗日民主根据地的政治、军事、经济、文化中心。1940年4月初，刘少奇、张云逸、赖传珠率中原局江北指挥部到达半塔，形成了领导长江以北的苏、皖、鄂、豫党、政、军工作的中心。皖南事变后，新四军二师师部、淮南区党委、淮南苏皖边区行政公署，《新路东》后改为《淮南日报》社和印刷厂、被服厂、兵工厂、医院等都设在半塔。半塔不仅是领导中心，还是名副其实的大后方。

半塔保卫战旧址2006年由国务院公布为第六批全国重点文物保护单位。

和县猿人遗址

和县猿人遗址位于和县北15公里的陶店镇汪家山北坡。是江淮地区旧石器时代早期人类化石洞穴遗址。地理坐标为东经118° 20'，北纬31° 45'，海拔23米。出土和县猿人化石的地点，是一个俗称“龙潭洞”的天然洞穴，故曾名“龙潭洞遗址”。

龙潭洞发育在寒武系白云岩层中，洞穴沿地层走向延伸。按发掘部分的洞形测量，洞穴东西长9米，南北宽3～4米，深5米。洞穴堆积自上而下划分为5层。第1层：棕红棕黑色黏土层，厚0.2～0.4米；第2层：棕红色黏土层，厚2～3米；第3层：黄绿色粉砂土，厚0.1～0.3米；第4层：黄褐色黏质砂土，含人类化石和脊椎动物化石，厚0.7～1.4米；第5层：黄灰色黏砂土或砂质黏土，厚1.5米。

1980～1981年间，中国科学院古脊椎动物与古人类研究所和安徽省文物部门曾经两次发掘，发现和县猿人化石包括近乎完整的头盖骨1个、下颌骨1段和顶骨1块、额骨眶上部1块、上下臼齿11枚、上内侧门齿1枚。这些化石骨骼至少代表3个个体以上，包括青年、壮年和老年。其中头盖骨属一男性青年个体，除颅骨缺失较多，脑颅的绝大部分都保存下来。其形态上具有直立人的典型特征，如颅穹隆低矮、额骨明显后倾、颅骨骨壁厚、脑量较小（约1025毫升）等。据研究，和县人头骨在总的形态上与北京猿人较为相似，但又有一些进步的特征，如眶后缩窄不明显，颞鳞相对较高及其顶缘呈弧形上曲等。下颌骨仅有一段左侧，上有2枚牙齿，特征粗壮，

和县猿人遗址地貌

和县猿人头盖骨与牙齿化石

骸孔较大，齿弓近马蹄形。下颌体高度33.2毫米，厚度22毫米，与北京人相似。牙齿的形态特征：齿冠和齿根比现代人要硕大和粗壮。齿冠较低，嚼面纹理复杂等，都接近北京猿人的情形。上内侧门齿特别粗壮，尺寸大于直立人，呈铲形。综上所述，说明和县人是直立人中的进步类型。

和县猿人生活时期为亚热带气候，自然环境是：汪家山一带的山脉上有茂密的森林，山下滁河两岸为宽阔的旷野，有大片的草原和湖沼。在遗址第4层出土了大量的古脊椎动物化石，经初步鉴定约50余种。爬行类有龟、鳖、扬子鳄等；鸟类有马鸡；哺乳类有田鼠、大鼠、硕猕猴、狼、豺、狐、猪獾、水獭、中国鬣狗、剑齿虎、中华猫、豹、大熊猫、棕熊、东方剑齿象、马、中国貘、李氏野猪、葛氏斑鹿、肿骨鹿、麋、野牛等。和县动物群是南北方动物群的过渡类型，其地质时代为中更新世中期，与北京猿人化石产地第3～4层的时代相当。用热释光法和铀系法测得年代为距今20万年，氨基酸法和电子共振法测得年代为距今20～30万年。

和县猿人的发现，填补了安徽省旧石器时代考古工作的空白，尤其是完整的古人类头盖骨化石的发现，引起了国内外学术界的重视。对于研究人类的起源和发展，研究南、北方古人类的共性与差异，研究古地理、古气候、古地质、水文、古动物群等，提供了重要的实物资料。

和县猿人遗址1988年由国务院公布为第三批全国重点文物保护单位。

凌家滩遗址

凌家滩遗址位于含山县铜闸镇长岗村的凌家滩自然村。遗址处于太湖山南坡一条南北纵长的土岗南端，土岗长5公里，宽200多米，裕溪河从遗址南部流过，整个遗址占地160万平方米，是安徽省迄今发现规模最大的史前文化遗址。

该遗址于1985年发现，后经省、县文物部门调查，发现一批史前陶器、玉器、石器。1987年6月、11月和1998年11月先后三次发掘，发掘面积2200平方米，发现了新石器时代的墓葬44座，祭坛遗迹一处，出土了数百件珍贵玉器、石器和陶器。祭坛位于墓地中部，现存面积600平方米，为南北向的长方形，采用分层建筑的方法，底层是黄斑土，夯筑而成，中层采用灰白色胶泥掺和石英碎块、黄砂和小石子夯成，异常坚硬，上层用灰黄色黏土掺卵石、黑色玛瑙铺成，表面平整。祭坛上有3个祭祀坑和4个积石圈。这是安徽史前考古首次发现的重要考古遗迹现象，对研究史前文明与宗教信仰具有重大意义。

凌家滩墓地的墓葬为长方形土坑竖穴墓，一般长2.5米，宽1.3米，深0.4米，随葬品多少不一，少者几件，多者上百件。87M4出土145件（组）玉器，有玉版、龟、璜、管、勺、镯、环璧、三角形饰、管形饰、簪、菌形饰、纽扣饰、扁圆形饰钺、斧等；石器有钺、斧、锛、凿，陶器有罐、壶等，该墓位于墓地的中轴线上，是一座重要的墓葬。87M15长2.5米，宽1.3～1.4米，出土器物128件（组），其中玉器94件（组），仅玉璜就有30件，玉器之多，远远超过了陶器、石器，反映了“唯玉为葬”的习俗。凌家滩遗址出土的玉器有1000多件，雕琢极其精美，种类非常多，有宗教性质的玉礼器，如玉龙、玉鹰、玉人、玉龟、玉版、玉钺、玉斧等，有玉璜、镯、环、管、冠饰的组合佩件；有玛瑙、水晶、闪石玉为主的玉材料，工艺技术十分发达，还有复合器物与复合肖生玉的存在，反映了凌家滩时期原始居民的审美情趣和意识形态，也是凌家滩文化不同于一般史前聚落遗存随葬品以陶器为主的一个显著特点。

凌家滩遗址出土玉人

凌家滩遗址的年代，据碳十四测定草木灰和

凌家滩遗址出土玉鹰

木炭标本，距今5600～5300年左右，其年代与长江中下游地区的北阴阳营文化、崧泽文化以及薛家岗文化的早期相当，也包含有北方大汶口文化的某些因素，早于以出土玉器为特色的良渚文化的年代，证明它是良渚文化玉器工艺传承最重要的来源之一。凌家滩遗址具备了史前大遗址聚落中心的地位，其文化遗存反映了当时已进入了较高级阶段的文明时代，是巢湖流域一支相对独立、有着自身发展过程的考古学文化。凌家滩遗址的发掘曾获得1998年度“全国十大考古新发现”。

凌家滩遗址2001年由国务院公布为第五批全国重点文物保护单位。

凌家滩遗址出土玉龙

凌家滩遗址出土玛瑙斧

凌家滩遗址发掘现场

冯玉祥旧居

冯玉祥旧居位于巢湖市居巢区夏阁镇竹柯村，为1936～1937年冯玉祥两次回乡时的住所。主体建筑共有五幢二十二间房屋，有1936年冯玉祥回乡时的起居室（出资翻修的祖先老房）和添建的议事厅及侍卫室等。房屋为青砖小瓦木梁结构，占地面积4690平方米，是江淮之间典型的民居建筑。

冯玉祥（1882～1948年），字焕章，出生于河北青县，祖籍巢县（巢湖市居巢区）人。是我国近代史上杰出的爱国将领、民主斗士、中国共产党的挚友。他十二岁从军，由士兵升副目、哨长、队官、营长。1914年任第十六混成旅旅长。1912年任第十一师师长，旋任陕西督军。辛亥革命后，任北洋军旅长、师长等职。北伐时任国民联军总司令。1924年第二次直奉战争时任第三军司令，同年10月发动北京政变，推翻直系军阀政府。1926年9月在五原誓师，宣布所部集体加入国民党。1927年5月在西安任国民革命军第二集团军总司令，会同北伐军进攻河南。1928年举兵反蒋，先后爆发蒋冯战争和中原大战。1933年5月与中国共产党合作，在张家口组织抗日同盟军，任总司令。抗日战争时期，他积极主张抗日。历任民众抗日同盟军司令，第六、第三战区司令长官，国民政府军事委员会副委员长。抗战胜利后，他主张与中国共产党合作，反对蒋介石的内战、独裁、卖国政策。他生活俭朴，治军严明，疾恶如仇。冯玉祥出身贫微，带兵时与将士同甘苦，共战斗，被誉为“布衣将军”。

1937年冯玉祥将军第二次回到故乡四十五天，大部分时间住在竹柯村。他捐资为百姓兴修水坝、兴办敬老会、植树造林、修桥铺路、创办园山学校。1946年赴美国考察水利。1948年响应中国共产党的号召，回国参加新政治协商会议筹备工作，9月1日途经黑海，因轮船失火遇难。1953年，中央人民政府将他的骨灰安葬于泰山之麓。毛泽东、周恩来、朱德等党和国家领导人书赠挽联，郭沫若为墓碑题字。

冯玉祥旧居议事厅

“纵横世事舒豪气，叱咤风云壮布衣”，这是冯将军旧居的一副对联。对

冯玉祥旧居庭院

联充分表达了人们对“布衣将军”的敬仰和缅怀。1989年当地政府对冯玉祥旧居进行了一次全面的维修，又从民间征集了部分散失的文物，旧居院内伫立着一尊花岗石质地的冯玉祥将军的全身立式雕像，展馆里陈列了120多幅将军生前的珍贵图片和使用过的木床、长方书桌、木椅、木方桌等实物。

冯玉祥旧居2006年由国务院公布为第六批全国重点文物保护单位。

冯玉祥旧居内景

冯玉祥旧居侍卫室

寿春城遗址

寿春城遗址位于寿县城关寿春镇与城南九龙乡境内。寿春是楚国最后的国都，《史记·楚世家》载："（考烈王）二十二年，与诸侯共伐秦，不利而去，楚东徙都寿春，命曰'郢'。"从考烈王迁都到楚王负刍灭国，楚在此定都仅有18年时间。围绕寿春城遗址位置问题，安徽省文物部门自1983年以来，在寿县县城东南一带连续工作至今，大致确定了寿春城遗址的方位位置，是安徽考古史上最重要的成果之一。

自1983年开始，安徽省文物考古研究所开始了寿春城遗址的探索工作。1987年初，利用遥感技术对寿春城遗址进行调查，通过遥感分析，找到寿春城遗址外廓城、宫城、古河道等的分布。得出了寿春城的大致位置。根据遥感解译的结果，楚寿春城遗址在今寿县县城东南一带，即东至东津渡，西至寿西湖西岸，南至十里头，东、西九里沟一线，北至淝水，城址城墙的西、南面清晰，而东、北两边模糊，北边可能受后期建设使用的破坏而遭到破损，东边因为淝水的冲刷和泛滥不易保存，即北纬32° 31′ 5″ ～32° 34′ 37″ ，东经116° 45′ 6″ ～116° 48′ 35″ ，城西界在下关，向

寿春城遗址

南经马家圩，前、后边井至范家老河南侧一线；城南线由双梗楼南向东经十三里孤堆、葛家小圩、顾家寨一线，整个城址呈东北—西南走向，总面积有26.35平方公里。

为了解遗址的大致情况，安徽省文物部门做了一些发掘和钻探，其中最为重要的就是1985年在柏家台发现的大型建筑基址。1985年春天，因寿蔡路拓宽工程，在柏家台南发现了大量的瓦当和槽形砖，随即进行了考古发掘，发掘面积共680平方米。经钻探，柏家台夯土台基遗址呈曲尺形，东西最大长度210米，南北最大宽度130米，残高0.8～1米。已发现的一座建筑位于台基的西南部。这座建筑物阔53.5米，进深42米，总面积达2000多平方米，方向正南偏西约5°。建筑的最外围安放着大型石柱础，长宽各约80厘米，厚30厘米左右，现已发现了六个柱础，每个柱础之间相距5.55米，这个长度应是每间房屋的宽度，两端柱础之间的间距稍小，开间应为十一间。有人认为它是战国时期楚国郢都内最重要的建筑，有的甚至直接就称其为宫殿建筑。

2000年在邢家庄的西北边，距离柏家台建筑南约220米，调查发现有大量的红烧土，发现了一座房基，编号是邢家庄北01F1。通过对房基的解剖，找到了重要的建筑基址。邢家庄01F1周围，是2号夯土台，台基为长方形，长约80米，宽约30米，南北两面中间各有一突出部分。这座台基的西南30米处另有一块曲尺形夯土，连接一条西北—东南走向的白土带，长115米、宽3米。

近年来通过科学的考古钻探和发掘确定的以柏家台、邢家庄、邱家花园为轴线的地带，是寿春城遗址工作的重点，现已确定的几个夯土台基应该就是这个城址中重要建筑的中心，并且“大赍铜牛”和“鄂君启节”等重要器物都发现在这一带，而大量楚金币——郢爰也发现在邱家花园南边地带。这些建筑基址可能就是寿春城遗址中最重要的建筑构成部分。

寿春城遗址2001年由国务院公布为第五批全国重点文物保护单位。

安 丰 塘

安丰塘位于寿县城南30公里处。古名芍陂，相传始建于春秋时期，由楚相孙叔敖主持兴修，至今已有2500多年历史。芍陂之名，始见于《汉书·地理志》："庐江郡，……沘水所出，北至寿春入芍陂。"安丰塘之名始见于《唐书·地理志》："安丰……县界有芍陂，灌田万顷，号安丰塘。"东晋时，在芍陂所在地置安丰县，改名安丰塘。安丰塘为四面筑堤的平原水库，是我国水利史上现存最古老的大型陂塘灌溉工程，与都江堰、漳河渠、郑国渠并称为古代四大水利工程。安丰塘选址科学，布局合理，水源充沛，它的建造对后世大型陂塘水利工程提供了宝贵的经验。

历代文献诸如《后汉书》、《通典》、《太平御览》、《太平寰宇记》、《元和郡县志》、《水经注》等对芍陂的陂径和灌溉面积多有记载，经实地考察，以郦道元《水经注》所载"芍陂周一百二十许里"之说，较为可信。在20世纪50年代，安徽省文物部门曾在安丰塘越水坝附近，发现了汉代水利工程——草土混合结构的堰坝遗址。发掘出土有"都水官"铁锤，证明最晚在汉代就曾设官管理此陂。芍陂水源主要来自淠水、淝水和龙穴山水，向西、北、东三个方向灌溉田地，衔控1300多平方公里的淠东平原。

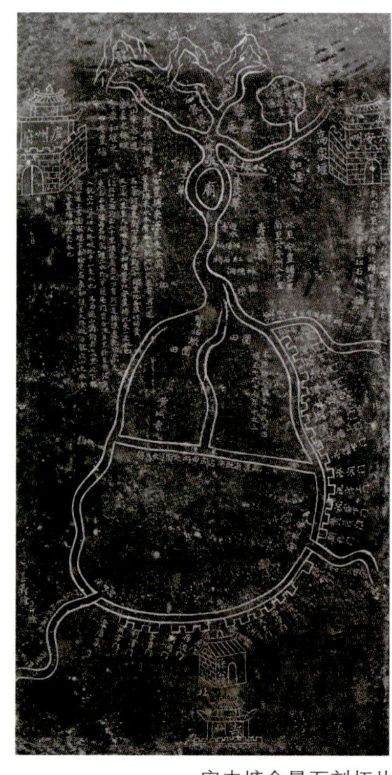

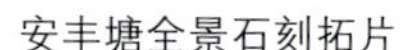

安丰塘全景石刻拓片

孙公祠全景

安丰塘

芍陂兴建后，东汉、晋、南北朝、隋、宋、元、明、清历代都有修治。千百年来，安丰塘在灌溉、航运、屯田济军等方面起过重大作用。由于迭经战乱，疏于管理，到建国前夕芍陂灌溉面积已不足8万亩。新中国成立以后，各级人民政府多次投入资金对安丰塘进行维修，对安丰塘进行综合治理，沟通淠河总干渠，引来大别山区的佛子岭、磨子潭、响洪甸三大水库之水，成为淠史杭灌区一个中型反调节水库，蓄水近一亿立方米，可灌溉农田63万亩。一些国内外专家学者先后到此参观，对安丰塘水利工程历史之久长，设计建造之科学而且至今仍发挥着巨大效益给予极高评价。

孙公祠大殿

安丰塘北堤外侧的孙公祠，是古人为纪念创建芍陂的楚相孙叔敖而建。其中祠宇三间，碑舍三间半，碑刻十九方，有明万历时所立孙叔敖像，清代书法家梁巘手书《重修安丰塘记》等，是研究安丰塘水利史的珍贵资料，其中许多具有很高的书法艺术和鉴赏价值。

安丰塘1988年由国务院公布为第三批全国重点文物保护单位。

寿县古城墙

寿县古城墙位于寿县城关镇。为南宋宁宗嘉定十二年(1219年)建康都统许俊重筑，外包砖石墙皮。700多年来，古城墙曾迭遭战争和洪水的破坏，历代均有修整，是国内现存保存比较完整的七大古城墙之一。

古城墙平面略呈方形，有东、南、西、北四门，东宾阳门，西定湖门，南通淝门，北靖淮门。四门外皆有护城瓮城。内外门洞均为砖石券顶结构。除南门外，东北西三门的瓮城门均与城门不在同一中轴线。西瓮城门朝北，北瓮城门朝西，均与所在城门在平面上呈90度直角，而东瓮城门与城门平行错置4米。这种巧妙设置是基于军事防御上的考虑，即敌军突破瓮城后，需改变方向才能攻击城门，有利于城上守军防守反击。还有更重要的作用在于防洪，即当洪峰冲破外门进入瓮城后，势必因两门位置的交角改变其冲击方向，水向由直线的惯性冲击转为瓮城涡流，大大减轻了城门的压力。现存东、北两瓮城。

古城东、南两面有护城濠，北依淝水，西连城西湖，四隅有河，东北、西北隅

寿县古城东门宾阳门及瓮城

寿县古城东门宾阳门

各设水涵一处。城垣保存完整，周长6650.8米。垛墙之下墙体高7.7米，底宽18～22米，顶宽4～10米。墙体以土夯筑，外侧贴砖，外壁下部用条石砌筑2米高的墙基。垛口已失，下部间隔2.8米设长方形壶门状射洞，城墙砖石之间用糯米汁拌石灰等物弥合，非常牢固。

据《寿州志》载，城墙原有“角楼八座，警铺五十五所”。现仅存一处马面，三处敌台。马面位于城西北拐角处，俗称“地楼”。马面凸出城外部分长2米、宽5米，高与城墙齐平，中空有石级递下，三面有射洞。三座敌台，一处在东门南160米，凸

寿县古城北门靖淮门

寿县古城北门瓮城内残碑

寿县古城南门通淝门

出城外廓，长3.5米，宽15.5米；一处在南门东500米，外凸2.5米，宽5米。城外设有驳岸即护城石堤，石堤为明嘉靖七年(1538年)御史杨瞻创建。堤高3～5米，宽10米，一边紧贴城墙外壁，另一边滨临护城河，皆以条石垒砌。

两处涵洞实为水关，分别位于城东北、西北隅。涵洞始建年代失考，明清均有修葺。今东西涵壁有“崇墉障流”、“金汤巩固”石刻，皆为光绪时期重修时所题。两涵形制大体相同。其一端连通城内河渠，另一端伸出城外，经过城墙。涵周围起筑与城墙等高的砖石结构月坎，坎内可拾级而下，外壁围护厚实的堤坡。涵沟上封石板，设闸五道。城涵月坎的设置，在军事上可防止敌兵从水道匿进偷袭，在城市水系上又具有重要的防水功能，根据需要可随时进坎启闭闸门，控流自如，既可避免内河积水的吞噬，又能消除外水倒灌的隐患。

寿县古城除防御抗敌，还是防洪的坚固大堤。1954年和1991年淮河泛滥，古城周围一片汪洋，而城内则安然无恙。

寿县古城墙2001年由国务院公布为第五批全国重点文物保护单位。

李氏庄园

李氏庄园又称“李家圩子”，位于六安市霍邱县马店镇西3公里西圩村。李氏庄园建于清咸丰六年（1856年），是全国四大地主庄园之一。庄园四面环山，坐北朝南，砖木结构。平面近方形，东西250米，南北240米，建筑对称协调，气势恢弘，大小院落错落有致，院落之间路廊相连，腰门相通。前方二道门外双道圩河。第一道圩河上高悬三座吊桥，二道圩河内，河壁连着墙，四角四座炮楼，对外的每方均有卧、跪、立姿射击孔。圩内建筑布局紧凑。一寨分并列的三宅（东、西、中院），每宅分四院。每宅从头门至正堂楼门一线穿珠，五排房屋一幢高过一幢。每排房的建筑和功能各不相同，每个院落的规格和雕饰也丰富多样。

圩内三宅也称东、西、中院，三院的三个头道门楼前为第一道圩河，各设一吊桥，头道门楼屋顶上五脊三兽，正中央铁打的雄鹰，展翅俯冲，呈抓鸡状。明间“吞

李氏庄园三道圩及门楼

李氏庄园二道圩

李氏庄园三道门楼与天井

李氏庄园上客厅前廊木雕

金”，两扇黑漆大门，西厢房朝南开两个石雕花窗，左右朝北开的矮房为骡马厩、饲料库、长工房、枪兵舍，空场南北60米、东西210米。

二道圩前为二道圩河。门楣上描金篆书“天河仙府”，门前沟坝口两边立有上马石，门砧有雕狮石鼓。二道门楼两边的厢房和耳房，分别作用碾屋、磨房、护圩亲兵房、牢房以及族门远亲的住处。三道门楼左右及院内，设置楼、堂、厅、阁和偏室、耳房、敞棚。并都设有上下书房、柜房。东院三道院内设有戏台戏楼，养有京剧“庆福班”专供演出。各院都建有大客楼或大客厅，宫殿式建筑，五脊挑角，垂梁起架，二十四根立柱上有挂匾，柱有抱匾；西院内有“圣旨楼”，雕梁画栋，金碧辉煌。最后一排的东西中三院均建有正堂楼为长者居室，两侧建有东西堂楼为小姐们的闺阁绣房，并配有厢房、矮室、“钱库”。

庄园建筑技艺精湛。所有大小房屋均有立柱，每根立柱下有石雕磉墩，上有木雕童墩，磉墩、童墩形状各异，花纹图案非常精美。屋内一律方砖铺地，院内全是防滑方块青石铺成。墙体厚50厘米，外贴砖面，内屋土坯砌筑，俗称“里生外熟”，

李氏庄园上客厅

李氏庄园东院小姐楼

名为“金包银”，坚固厚实，冬暖夏凉，并能增强枪弹的防御力。撑拱，以房子出挑深浅而长短不同，形状有圆柱形、扁土方形、四棱形，雕刻成龙、鹿、狮、鳌各种奇兽，造型逼真，刀工细腻，线条流畅，栩栩如生。长坊或短坊有长扁形、扁形、半金钱形，刻有人物、鸟兽、花卉、虫、鱼等，绘画雕刻，寓意甚深。

李氏庄园东院正房

楼、堂、厅、室、厢房、耳房，屋脊一律用瓦绕线砖砌成，脊身是空心面砖，脊的高矮不等，面砖浮雕各种花纹，“寿”字肩脊出边走线，脊两端配有龙鳌兽头，脊正中精塑狮、鹤等坐兽飞禽。各道大门都是矩形，厅堂多为六扇或八扇格子门，其他有月洞门、椭圆门、三方门、花瓶门，门页制作精美，窗户的形状也是各异，窗扇制作的花墙更是丰富多彩。

李氏庄园集中反映了封建社会末期地主庄园经济史，是过去地主阶级政治、经济、文化、武装、生活等的缩影，具有较高的历史价值、科学价值和艺术价值。

李氏庄园2006年由国务院公布为第六批全国重点文物保护单位。

独山和金寨革命旧址群

独山和金寨革命旧址群，位于六安市裕安区独山镇和金寨县的南溪、斑竹园、汤家汇三个镇。

独山革命旧址群，时代为1929年11月～1932年9月，位于六安市西南44公里的独山镇，是皖西地区现今保存完好的唯一的古建筑群。多建于清朝中晚期至民国初年，大灰砖、小青瓦、风火山、木结构，飞檐翘角，雕梁画栋，建筑精美，气势宏伟，具有浓郁的大别山区古民居特色。旧址规模庞大，共包括独山暴动指挥部等九处革命旧址，涵盖了土地革命战争时期，我党县级党、政、军、文化、教育、司法、经济等完整的机构。主要分布在独山镇的西街、中街两条老街上。老街为鹅卵石路面，路心条石上留有深深的轮沟，两边是商行、作坊、药铺、住宅，还有祠堂、戏楼、学校，大部分保留了当年的风貌，成为一座露天的革命历史博物馆。

独山暴动指挥部旧址，建筑始建于民国二年，原为县立第四高等小学。1929年11月7日，中共六安中心县委在此设立“独山暴动指挥部”，作出“独山暴动”的决

独山六安县赤卫军指挥部旧址

独山暴动指挥部及六安县苏维埃俱乐部旧址

定。暴动后所建立的革命武装，编成中国工农红军第十一军第三十三师，后成长为红四方面军的三大主力师之一。

中共六安县委和少共六安县委旧址，原为朱姓私宅，始建于清朝末年，面阔三间，前后三进。1931年5月至1932年9月，中共六安县委和少共六安县委机关设此。

六安县苏维埃政府旧址，原为王姓私宅，始建于清朝晚期。为四合院，面阔三间，1931年5月至1932年9月，六安县苏维埃政府机关设此。

六安县赤卫军指挥部旧址，原为马氏宗祠，清同治十一年（1872年）重建，为

独山六安县苏维埃政府旧址

独山中共和少共六安县委及保卫局旧址

三开间四进。1931年5月至1932年9月赤卫军指挥部设此。

六安县苏维埃俱乐部旧址，面阔七间。清道光二十三年（1843年）江西丰城人熊祥先捐资重建，民国十四年重修。1931年5月至1932年9月，六安县苏维埃俱乐部设此。

六安县列宁小学旧址，原为王氏宗祠，始建于清朝中晚期。前庭、后厅由两廊相连，全部为通间。1931年5月至1932年9月在此开办六安县列宁小学，学生五十人左右。

六安县经济合作社旧址，原为王德龙私宅，始建于清朝晚期，民国初年重建。

六安县保卫局旧址，原为刘六麻子当铺，始建于清朝末年。建筑两进三开间。

六安县革命法庭旧址，原为王厚斋私宅，始建于清。1931年5月至1932年9月，六安县革命法庭设此。

金寨县革命旧址群，位于金寨县的南溪、斑竹园、汤家汇三个镇。时代为1929年5月～1934年4月。金寨是全国闻名的红军的故乡、将军的摇篮。当年全县有十万儿女参军参战，建国后被追认为革命烈士就有一万多人。解放后，幸存在世的老红军2000人，省军级以上400人，其中授少将军衔的59人，在全国“十大将军县”

金寨立夏节起义首发地旧址

金寨赤城县邮政局旧址

学校”，原为清光绪年间周姓地主庄园，有青砖小瓦房七十六间。后遭国民党军队焚烧，仅存门楼及边屋六间。现恢复房屋三十四间。

赤城县赤色邮政局旧址，原为徐氏祠，建于乾隆年间，两进九间房屋，砖木结构小瓦房。现存房屋九间。当年邮政柜台、信袋尚存，还存有从此局发出的红军家信。

鄂豫皖省委会议及红二十五军、红二十八军合编地旧址，原为胡氏祠。清宣统元年建，青砖小瓦，三进十三间。墙上留有红军壁画和标语。1934 年 4 月鄂豫皖省委在汤家汇胡氏祠召开会议，决定将二十五军和二十八军合编为新的红二十五军，为这支劲旅长征奠定坚实的基础。

独山和金寨革命旧址群2006年由国务院公布为第六批全国重点文物保护单位合并项目，归入第三批全国重点文物保护单位鄂豫皖革命根据地旧址。

尉迟寺遗址

尉迟寺遗址位于蒙城县东北20公里的许町镇毕集村东150米，南距北淝河约2公里。遗址现为高出地面2～3米的堌堆，呈不规则方形，遗址上原有一处寺庙建筑，相传为纪念唐代名将尉迟敬德在此屯兵而建，因名“尉迟寺”。东西长约350米，南北宽约250米，总面积约8万平方米，是淮北地区新石器时代大型聚落遗址。1986年蒙城县文物管理所文物普查时发现，从1989年至1995年春，由中国社会科学院考古研究所安徽工作队进行九次发掘，发掘总面积近10000平方米。共清理出红烧土房址41间、各类墓葬210多座，灰坑160余座，以及兽坑、祭祀坑、公共活动广场、围壕等遗迹，出土各类文物数千件。

尉迟寺遗址文化遗存非常丰富，可分为两个阶段。其中一期文化属大汶口文化；二期文化相当于龙山文化时期。发现的41座房址分成数排，分别以两间、四间、五间为一排，多呈东南—西北走向排列。房子的建筑形式基本一样，各房间面积一般在10平方米以上，其中最大的一间东西长6米，南北进深4.94米，面积近30平方米。每间房子由主墙、隔墙、门、居住面、室内平台和室内柱构成，主墙厚度在30厘米

尉迟寺遗址东部房基（F8～F23）

以上，先挖基槽，然后立柱、抹泥形成墙体并经烧烤。墙面光平，有的在内壁上涂一层白灰面，隔墙为木骨泥墙。门宽一般为60厘米，有木质门槛，门外用泥抹成斜坡状。面积大的房子设双门，面积小的设单门，门向多朝南或朝东。室内居住面与墙内壁同时烧烤，平整光滑。室内平台设在房间中部偏后，多在平台前两角或四角立有木柱。室内普遍遗留器物，少者4～5件，多者达80多件，一般为10～20件。

墓葬分布较集中，头向东，分竖穴土坑墓和瓮棺葬两种。竖穴土坑墓多葬成年人和青少年，葬式有仰身直肢、侧身直肢、侧身屈肢。瓮棺葬约占墓葬总数的一半，埋葬的多是婴儿及幼童，一般两到三岁，最小者不足周岁。葬具由2件、3件或4件套合组成，有鼎与鼎、鼎与瓮、瓮与瓮、尊与盆等多种组合。出土器物以陶器为主，其中多数是夹砂陶，陶色以红褐色为主，常见器物有鼎、鬶、罐、杯、大圈足豆等。在葬具上发现有五种不同的刻划符号，有的还在符号内涂朱。这些符号风格各异，线条流畅，刻划清晰自然，可能是一种较成熟的文字。

在堌堆周围有一条椭圆形围沟，南北跨度约230米，东西跨度约200米，沟宽29.5～31.1米，深约4.5米。沟的内外沿界限明显，沟内堆积青灰色淤土，属整个村落布局的有机组成部分。在遗址南部还发现一广场，东西长20.5米，南北宽13.5米，面积约280平方米。地面用红烧土颗粒拌黄土经人工砸实，平整坚硬，地势略低于房址。通过发掘可以大致勾勒出尉迟寺聚落遗址的框架，即以围壕为界，中部偏北为中心，有多组长排房址，东、西、南三面散布有若干组短排房，中部偏南为活

尉迟寺遗址出土陶器

尉迟寺遗址 136 号墓

尉迟寺遗址 96 号墓瓮棺葬

动广场。这种为围壕环绕成组成排房子，同时包含有中心广场、墓葬、灰坑等多种遗迹的聚落形态，在中国史前考古中尚属首见，是一种新发现的史前聚落模式。

从总体上看，尉迟寺遗址文化遗存具有大汶口文化的特征，但自身特点也很浓厚，它代表了一个新的地方类型，即大汶口文化尉迟寺类型。

尉迟寺遗址 2001 年由国务院公布为第五批全国重点文物保护单位。

曹氏家族墓群

曹氏家族墓群位于亳州市区魏武大道两侧。是魏武帝曹操家族墓群，时代为东汉。主要包括董园汉墓群、曹四孤堆、薛家孤堆、张园汉墓、马园汉墓、袁牌坊汉墓群、刘园孤堆、观音山孤堆、元宝坑汉墓群、姜家孤堆等，占地约10平方公里，形成一个规模巨大的家族墓地。

曹氏宗族在政治上发迹，始于曹操祖父曹腾，至曹操时已权倾汉帝，到曹氏建立魏国达到鼎盛阶段。在这100多年间，曹氏宗族上至皇帝，下至王侯、大臣、郡守、刺史、将校、文武官吏无所不有，如曹仁、曹洪、曹休、曹彰等既是族人，又为名将。加上曹氏又与亳州豪族夏侯氏联姻，更加权重位显。由此形成了一个庞大的宗族势力，在中国历史上也是显赫世族。据《水经注》、《亳州志》等文献记载，亳州城南有曹腾、曹褒、曹嵩、曹炽、曹胤等人的墓葬。据文物普查，发现墓葬50～60座，已清理发掘的有曹腾、曹嵩、曹鼎、曹鸾、曹勋、曹水、曹宪等人的墓葬。

从已发掘的墓葬可知，墓的形制基本相同，多为砖石结构的多室墓，一般具有前室、中室、后室以及数量不等的耳室或偏室，最具代表性的是董园二号石墓，该墓全部用磨光青石块砌成，石门上刻有神荼、郁垒画像以驱鬼避凶，反映出汉代就有这种风俗。其他墓葬除门楣、门框、门扇为石结构外，墓室都用不同规格的青砖砌筑而成。

曹氏家族墓群出土有银缕玉衣、铜缕玉衣、玉枕、玉猪、象牙尺、青瓷罐、铜弩机等大量珍贵文物，以及800多块文字的墓砖。象牙尺，雕刻精致而计量准确，充分反映出东汉时期长度的计量标准。大量青瓷罐，釉色光亮，质地纯洁，

亳州曹四孤堆

亳州董园2号墓墓室

火候高，说明当时制造青瓷的技术已很成熟，对研究古代青瓷的发展是很好的实物材料。玉猪的雕刻简练，线条流畅，寥寥数刀，充分反映出“汉八刀”雕刻工艺水平之高。墓砖文字内容或记录砖的数量、造砖时间；或记曹氏家族成员与官吏姓名；以及反映工匠对当时社会不满的词句。这些文字除少数是模印，大多数是砖坯未干之前，用一种细棒刻划上的，砖文的书体有隶、篆、行、草，有简化字，也有一些流行字体，反映了东汉时期我国书法发展的一个侧面。

曹四孤堆是现存曹氏宗族墓中规模较大的一处，是四座大型砖石结构墓葬，四个孤堆南北排列呈弧形。每个孤堆约高5米，占地2500平方米。20世纪70年代，在一号孤堆的北侧曾发掘一座小墓，内有石室，从残存字砖铭文看，为“豫州刺史曹水”之墓。但曹四孤堆究竟为何人之墓，至今仍是个未解之谜。

曹氏家族墓群建筑规模宏大，雕饰彩绘精美，对研究东汉时期官僚、王侯族葬制的形制、葬俗提供了重要的实物资料。发现的800多块带文字的墓砖，不仅从书体上对研究汉代书法有重要意义，而且在内容上对研究东汉时期的社会、政治等方面提供了极其宝贵的实物资料。

曹氏家族墓群2001年由国务院公布为第五批全国重点文物保护单位。

蒙城万佛塔

蒙城万佛塔位于蒙城县县城中心。塔建于宋崇宁元年（1102年），为八角十三层楼阁式砖塔。高42.2米，塔底周长24米，直径8米，因塔体内外镶嵌佛像八千余尊而得名。塔东侧有寺，名兴化寺，故最早塔名为兴化塔。该塔由地宫、塔身和塔刹三部分构成。地宫四壁遍镶石雕，内存北魏时期石碑一块。塔身为水磨青砖砌造，内外壁遍嵌赭、黄、绿三彩琉璃面砖，每块砖上饰浮雕一佛二弟子三尊琉璃佛像，如来坐中，左立迦叶，右立阿难。这些佛像有宋代遗物，也有后世添配的。第四层塔心俗称“小庙”，供奉关羽、关平、周仓三尊像，20世纪50年代被毁。内部塔壁嵌一块宋代修塔碑记。每层四面辟门，其余四面砌作假窗，十二、十三层无门。塔顶为铁制塔刹，装有覆钵一个，每层八角皆有风铎。塔内阶梯为枣木所制，可登至十一层。

塔内现存两块建塔的碑刻，一块在第四层，为宋崇宁元年（1102年）所刻；一块在第十一层，为崇宁五年（1106年）所刻。从两块碑记的相隔时间推断，从五层到十一层建造相隔四年，全塔共十三层，加上基础和塔刹的施工，全塔约修建十年时间。万佛塔依十三重凡天说设定塔层，佛塔功能在设计中得到明确体现与表达。该塔年代久远，工艺精巧，又经历代修缮，保存了碑文、壁画等多种历史信息，对研究北宋以来涡河流域社会发展思潮观念的演化变迁具有重要的历史学术价值。

蒙城万佛塔采用北方砖塔构造方法建造，结构富于变化。作为现存为数不多的八角楼阁式砖塔，万佛塔体量协调，结构严谨，历经千年巍然矗立，具有高度的牢固性。其造塔建筑材料包括砖石、木材、釉陶、铸铁等，建筑工艺有砌、镶、烧、铸、刻等，体现了当时的建筑水平。全塔重近千吨，基础应力每平方米近40吨，但只用2.4米深的夯土浅基法建造，反映出当时建筑工程技术成就高超。

蒙城万佛塔2006年由国务院公布为第六批全国重点文物保护单位。

塔身琉璃佛像

塔门内壁佛像

蒙城万佛塔一二层塔檐

蒙城万佛塔

亳州古地道

亳州古地道位于亳州市老城区地下。始建于东汉末年，隋、唐、宋历代多次修葺，现存大部分为宋代建筑。地道工程作为一种军事设施，在我国可以上溯到先秦时期，其后文献多有记述，但实物尚不多见。亳州古地道是我国现存最早的古地下道之一，相传是魏武帝曹操修筑的地下运兵道，故又称曹操运兵道。传说中的地下道曾是千古之谜，直到北伐战争时期的1927年才偶然发现。抗日战争时期，一些市民为躲避空袭挖地道，曾多次发现古地道遗迹，1969年在全民备战挖洞积粮时期，先后于老城内南北、东西两条主要大街两侧挖出近2000米长的古地道，后又于老街南门院、曹巷口等发现一些支道，终于揭开了古地道神秘的面纱。

亳州古地道全长4000多米，主要分布在老城区街道房屋地下，以大隅首为中心向四面延伸，分别通达城外。整个古地道经纬交织，纵横交错，立体分布，结构复杂，布局奥妙，变化多样。现存古地道有土木结构、砖木结构、砖结构三种类型，其中砖结构最多，有单行道、平行双道、上下两层道、立体交叉道四种形式。古地道距地面深度一般在2.5～4米之间，大隅首位置最深，达7米以上，道内高度1.8米左右，最高为2.98米，道宽0.7米，最宽2.8米，道内转弯处均为“T”形，古地道幽深狭窄，蜿蜒曲折，设有猫耳洞、掩体、指挥中心、障碍券、障碍墙、绊腿板、陷阱等军事设施，还有通气孔、传话孔、灯龛、应急出入口等附属设施。经发掘出土

亳州古地道出口

亳州古地道

亳州古地道障碍券

有弹丸、铁刀、铁剑、铁灯、铜镜、陶器、瓷器、砚台等汉、唐、宋历代文物。据文献记载，三国时期曾多次使用地道战术。结合史料记载和出土文物分析，该地道早期大约为汉魏时期屯兵作战而修筑，唐宋时期曾多次扩建、修葺而形成现在的规模。北宋末年，金兵南下，亳州为宋金拉锯之地，后为金辽统辖，不久黄河夺涡，黄泛水患连年侵袭，地道遂渐废弃不用。

亳州古地道对于研究古代特别是曹操军事战略、战术思想有极其重要的意义。曹操将地道战术灵活运用，不但使其军事思想战略得到实践和运用，而且创造了以少胜多、以弱胜强、为历代军事家所赞赏和运用的典型战例。亳州古地道是古代劳动人民智慧的结晶。其建筑规模庞大雄伟，充分体现了古代劳动人民的聪明才智，被誉为“地下长城”。

亳州古地道 2001 年由国务院公布为第五批全国重点文物保护单位。

花戏楼

花戏楼位于亳州市谯城区大关帝庙内。是清代著名的戏曲舞台建筑。花戏楼原名“戏楼”、“歌台”，又称山陕会馆，清代康熙十五年(1676年)由山、陕在亳商贾集资兴建，乾隆年间施以雕刻、彩绘，后代屡有修葺。

花戏楼既是独立建筑，又和鼓楼、看楼、耳房、大殿等建筑连为一体，成为大关帝庙的一个组成部分，占地约1000平方米。戏楼的大门为三层牌坊式仿木结构，水磨砖砌成，上面布满精美的立体通透雕刻，包括人物、车马、城池、山林、花卉、禽兽，其中有六出内容完整的戏文，另有七十余种故事画、图案花纹。砖雕的技法精巧灵变，层次分明，是砖雕中的精品。门两侧有高2.4米的石狮一对，神态生动。还竖立着高16米、重2000余公斤的铁质旗杆两根。对楼左右为钟、鼓二楼，楼上各置巨钟、巨鼓，今钟存鼓毁。

花戏楼坐北朝南，全木结构的巨大歌舞戏台前伸，与钟、鼓二楼内侧连成一体，呈“凸”字形，面阔三间，高二层，底层明间为庙门出入口，上层为舞台。台内装大木雕、彩绘；歇山顶，铺饰琉璃瓦。正脊、垂脊和戗脊均饰有琉璃雕塑人物、鱼龙、鸟兽。正脊中央置一高塔，脊之前后五彩琉璃龙凤，四个戗脊翘角，上置彩塑“四值功曹”(年、月、日、时)。翘角下皆悬挂风铎。戏台以六根抱柱撑立，檐角下立方柱六根，青石柱础，皆饰雕镂。台正中有屏风，透雕二龙戏珠，屏风上悬“清歌妙舞”匾额。左右为上下场门，门楣上分书“想当然”、“莫须有”。柱上头周围雕

花戏楼歌台鸟瞰

花戏楼正门

立体“八仙”人物立于莲花荷叶座中。戏台两侧有“阳春”、“白雪”二小门。台上方装饰垂莲藻井，四周悬枋，柱间有大枋，大枋与悬枋间为券棚结构。柱头饰悬狮、垂莲、鳌鱼等图案。枋之外镶木雕。木雕立体透雕，笔粗刀健，内容有“长坂坡”、“空城计”、“舌战群儒”、“七擒孟获”、“三气周瑜”、“火烧司马懿”、“夜战马超”、“刺董卓”等十八出三国戏文，间有掌故、花鸟、走兽、楼阁及花纹图案。其藻井与梁枋之间，皆饰彩绘，有“蟠桃会”、“文王访贤”、“甘露寺”、“刀斩五将”、“苦肉计”、“碎琴谢知音”等戏文。彩绘采用民间版画形式，以红黑两色为主，色彩鲜明，技法流畅，很有特色。戏台周围还饰有“三英战吕布”、“连环计”、“凤仪亭”、“华容道”、“赵延求寿”等内容和花草的小型木雕画。花戏楼台前有看楼两座，每楼两层，每层六间。

花戏楼1988年由国务院公布为第三批全国重点文物保护单位。

花戏楼砖雕细部

花戏楼歌台彩画

陈山遗址

陈山遗址位于宣城市宣州区向阳乡夏村，地理坐标为东经118° 52′，北纬30° 52′，西北距宣州市区15公里。遗址东北方向1公里处是著名的水阳江，因当地兴建窑厂，在江岸附近一条西南—东北走向的陇岗东北端取土烧砖，发现了一些打制石器。这条陇岗当地俗称“陈山”，属于黄山山脉的余脉，海拔40～50米，地质分区属下扬子地层分区常州——宣城地区小区。旧石器地点面积达14万多平方米。1987年安徽省文物考古研究所调查发现，1988年试掘。

试掘是从取土剖面边缘开挖探沟的，地层可分为10层。第1层，黄褐色粉砂质黏土，厚0.6～1.15米，为全新世以后扰土层。第2层，棕黄色粉砂质黏土，最厚处0.55米。第3层，褐红色粉砂质黏土，厚0.1～2.5米。第4层，橘黄色粉砂质黏土，厚0～0.8米。第5层，褐色粉砂质黏土，厚0.2～1.5米。第6层，棕红色粉砂质黏土，厚3.2～4.8米。第7层，黄红色粉砂质黏土，间有橘黄、灰黄等杂色，厚0.9～1.4米。第8层，浅黄色粉砂质黏土，也有棕红、淡黄等杂色，厚0.85～1.1米。

陈山遗址出土尖状器

陈山遗址全景

第9层，紫色粉砂质黏土，厚0.35～1.1米。第10层，网纹化砾石层。在第10层砾石层之上的9至2层都发现有石器，尤其第2、3、6层最多。根据堆积物的岩性，将2至5层分为上层，6至9层为下层。

调查和试掘获得石制品标本200多件，包括试掘获得的石制标本141件，有明显的人类加工痕迹标本79件。石制品的岩性大多数为石英砂岩，其次是砂岩和石英岩，只有少量的硅质岩。各层石制品的形制变化不大，依据地层分早、晚两期。早期石制品类型有石片、石核、砍伐器、尖状器、尖状—砍器、砍斫器、石锤、刮削器等。晚期石制品类型有石片、石核、砍伐器、砍斫器、刮削器、尖状器，未发现尖状—砍器和石锤。向阳旧石器地点下层，即第6层和第9层堆积属于中更新世，所出文化遗物为旧石器时代早期。上层即第2层至5层堆积属于晚更新世，所出文化遗物为旧石器时代中晚期。

安徽省文物部门沿着水阳江的流向开展了田野调查，在两岸台地上共发现了十多个旧石器地点。通过分析打制石器的技术水平、种类与形制特点，发现这一遗址群的文化面貌代表了长江下游地区的旧石器时代文化，具有鲜明的地方文化特色。尤以向阳旧石器地点面积大，文化层堆积厚，遗物丰富等特点看，当时的人可能已经是半定居方式，学会了用火，过着采集为主、捕猎为辅的生活。这些出土的石器是他们的生产工具，具有明显的使用痕迹。向阳陈山旧石器地点所获得的文化遗物为进一步研究古人类的发展和生产、生活提供了可贵的实物资料。

陈山遗址2001年由国务院公布为第五批全国重点文物保护单位。

广教寺双塔

广教寺双塔位于宣城市区以北3公里处的敬亭山南麓。又称敬亭双塔，建于北宋绍圣三年（1096年），至今已有800多年历史，是国家森林公园敬亭山风景名胜区的重要文物古迹。

广教寺始建于唐大中年间(849年)，宋太宗曾赐御书120卷。以后历代不断修建，最盛时有房屋千余间，为江南名刹。抗战时期，广教寺毁于兵燹，仅存双塔和金鸡井。广教寺双塔东西对峙，间距水平距离26.9米。形制基本相同，均属方形可登临的仿木楼阁式砖塔。外观七级，高17余米。东塔稍大，底层塔身南北长2.66米，东西2.64米；西塔南北长2.33米，东西2.3米，经考察，双塔砖形规格有近百种，颜色为青、灰、红、黄色不同。相传两塔用砖全由广教寺僧人化缘而来，故形制色彩各异，工匠们将各种规格的砖巧妙地结合在一起，砌成了艺术精美的建筑，显示出我国劳动人民的聪明才智。

两塔中空，不立塔心柱，底座是白石浮雕，底层三面开门，东塔缺东门，西塔无西门。整个塔身，大部用莲坛座佛像砖砌筑，塔的每一层每一面，都用圆柱砖条划分为三间，中间是圆拱门，两旁为棂格方窗，有阑额角柱，檐出华栱一跳，墙面饰宝相花，体现出佛教特有的庄严静穆的氛围。据计算，根据这样的建筑要求而需特别烧制的砖形就多达近百种。每层原均有木楼和扶梯，从第六层开始，用木过梁承托干刹和顶饰，因年久失修，现塔顶已全部损坏，木结构也朽毁无存。第五层在补间铺作两旁正中位置上有两根心柱，这种做法保存了唐塔的形式。角柱上有转角铺作。各层檐部用叠涩砖，与菱角牙子砖并铺以木斗栱来承托出檐，檐上为用叠涩砖砌成的平座。塔的内部面积很小，各层用简单的木梯上下。塔壁墙身内放置木骨，用以加固，灰缝为石灰加黄泥。在两塔的第二层南壁门上，分别镶砌宋代著名书法家苏轼手书《观自在菩萨如意轮陀罗尼经》刻石，署款："元丰四年（1081年）二月二十七日责授黄州团练副使眉阳苏轼书以赠宣城广教院模上人。"后跋书："绍圣三年（1096年）六月元旦宛陵乾明寺楞严讲院童行徐怀义摹刻普劝众生同增善果。"可以肯定碑石是在砌塔的同时砌入的，亦反映了双塔的建筑年代。

双塔在我国佛教建筑遗物中留存甚少，在我国现存宋代双塔中，广教寺双塔硕果仅存。其外观仍仿照唐代方形楼阁的形式，内部结构和细部以砖代木做成枋、斗栱等，辅以半木结构，既沿袭了唐代的风格，又具有浓厚的宋代建筑特征。同时，它又是可登临的此类双塔的最早实例，具有极其珍贵的艺术、科研、历史价值和观赏价值。

广教寺双塔1988年由国务院公布为第三批全国重点文物保护单位。

广教寺双塔

水西双塔

水西双塔指大观塔和小方塔，位于泾县城西2公里的宝胜寺左右两侧，因地处泾水以西，故称“水西”。早在北魏永平元年（508年）这里就建了凌岩寺，唐宋时又多次修复，改名为宝胜禅寺，是久负盛名的佛教胜地。唐代大诗人李白、杜牧等曾游此并留诗多篇。李白“天宫水西寺，云锦照东郭，清湍明回溪，绿水远飞阁”的诗句，至今广为传诵。

大观塔，因建于北宋大观二年（1108年）得名，又因筹建于北宋崇宁年间，故又称“崇宁塔”。属楼阁式砖塔，八面七层，高45米。底层直径12米，壁厚3.5米。每面均有砖券拱门，层层用叠涩法砌出短檐，檐下用砖做成斗拱，每层出檐双层，砖块错落有致，形成工整典雅的图案。层与层之间的转角处用半圆形砖砌成半圆柱，整个塔体体显得和谐、壮丽、挺秀。此塔造型独特，塔体厚重，八面八角。内外壁嵌碑刻一百二十五方，所涉及内容有佛教经文、观音、赞塔偈；还有善男信女们的捐财祈福的文字记载，反映了当时政治、经济、文化、佛教艺术、民俗、哲学等方面情况，具有一定的历史、艺术、科学价值。其中最引人注目的是宋政和五年（1115年）“南堂居士”包拯等人的长篇石刻。在第六层内壁一方碑文记载：“宝胜禅寺院造释迦舍利塔一座十三层，为诸众生作归依处，……政和六年三月望日。”有的学者从这段碑文推测，该塔造型粗壮敦厚的原因，可能是因为原计划建造十三层，由于北宋晚期战事频繁，社会经济萧条，以致建造到第七层就停建了。

小方塔，因塔身呈正方形，塔体比邻近的大观塔为小，故名。又因建于南宋绍兴年间，又名“绍兴塔”。该塔为楼阁式砖结构，七层四面，底层直径3.5米，高21.3米。第一层南北两面塔壁嵌有石刻佛像，佛像北面为浮雕佛光，整个佛身雕工精细，线条流畅，形象生动。第一层上还嵌一小方记事碑，碑文记载南宋绍兴三十一年（1161年）三月泾县梅权及其全家舍钱建塔的情况。据清《泾县志》载，塔上还有十多方义输碑文和佛经刻石。

水西双塔之小方塔

水西双塔之大观塔

大观塔雄伟壮观，小方塔小巧玲珑，各具风采，相映成辉。水西双塔是我省宋塔中体量最大的砖木混合式塔，其斗栱的法式体现了宋代典型的官式建筑风格。两塔不论从平面、外观结构，还是建筑细部等手法都反映了宋代建筑特征。是研究皖南地区宋代佛教及其建筑的珍贵实物资料。

水西双塔2001年由国务院公布为第五批全国重点文物保护单位。

龙川胡氏宗祠

龙川胡氏宗祠位于绩溪县瀛州乡大坑口村，距县城12公里。该祠堂始建于宋，明嘉靖年间，兵部尚书胡宗宪对祠堂进行了一次大修缮，故建筑具有典型的明代风格，以后又历经修葺，最后一次是在清光绪二十四年（1898年）重修，仍保持了明代徽派雕刻艺术的风格。

该祠坐北朝南，砖木结构，悬山屋顶，抬梁构架，建筑面积1146平方米，三进七开间，平面呈长方形，主体建筑分门厅、回廊、正厅、寝殿，均在中轴线上，一进高于一进，其长度等于宽度的两倍。

胡氏宗祠面临龙川溪，溪南有一道24米长的青瓦粉墙、花砖为脊的八字形照壁，与祠堂隔溪相对。宗祠前进（门厅）七开间，宽22米，进深8米。门楼为重檐歇山式，俗称“五凤楼”，取“丹凤来仪”之意。整个门楼即为一个木雕画面，门楣上大小额枋全部精镂细雕，内容有人物、麒麟、走兽，额枋边雕以莲瓣。门厅后是天井，占地158平方米，花岗石铺地，两边为回廊，东西两廊用12根4米长、33厘米见方

龙川胡氏宗祠门楼正面

龙川胡氏宗祠正门背面

龙川胡氏宗祠后进寝楼天井

龙川胡氏宗祠正门开梁上斗栱

龙川胡氏宗祠正堂与边厢转角处斗栱

龙川胡氏宗祠享堂前檐雀替

抹角石柱，同12根月梁衔接而成。

正厅五开间，是宗族后裔举行祭典的地方，高10米，由14根直径166厘米的银杏树圆柱和大小21根“冬瓜梁”组成。立柱竖在莲花瓣柱櫍上，底层为八角形磉基。月梁、雀替、平盘斗、轩顶桁全部镂空雕刻。厅两边有高4米、宽60厘米落地隔扇三十二扇，上部为镂空如意花格，裙板雕成花草、走兽、虫鱼等，技艺精湛，生动逼真。

后进是寝殿，七开间，分上下两层，重檐建筑，东西厢各有落地隔窗十六扇，上部镂空棂花，裙板雕有形状各异的博古花卉。楼上朝南有一排窗棂，从窗口纵观整个的屋面脊部全用卍字花砖砌成，饰以走兽、鳌鱼为角，气势轩昂。

龙川胡氏宗祠规模宏大，布局合理，建筑雕刻精美，是徽派古建筑艺术集砖、石、木“三雕”于一体的珍贵文化遗产，尤以木雕最为突出，有“木雕艺术厅堂”之称。

龙川胡氏宗祠1988年由国务院公布为第三批全国重点文物保护单位。

江村古建筑群

江村古建筑群位于旌德县白地镇江村。村庄呈东北—西南走向，为群山环抱，村内有玉龙溪穿村而过，凤溪绕村南，两溪汇合于村西南隅，形成江村独特的水文格局。村内每条老街巷的一侧，各设有一条条水圳，涓涓细水均汇入村西南的“聚秀湖”。隋唐开始，江氏家族就在这里生活，现存建筑多为明清时期建造。村中至今尚存老街、古牌坊、古祠堂、古民居、古桥、古水圳、人工湖等近二百处古迹，主要建筑有江氏宗祠、溥公祠、孝子祠、父子进士坊、茂承堂、笃修堂、进修堂、黯然别墅、江泽涵故居、江冬秀故居、聚秀湖、老街等。

江氏宗祠是江村江氏家族的总祠。始建于明，曾两度毁于大火，两度重建，1937年再度重修，是旌德县保存较完整的一座大型祠堂。坐西北朝东南，面阔七间，三进二天井，总建筑面积1236平方米，由祠前广场、泮池、门厅、天

江氏宗祠外景

井、享堂、廊庑、寝楼组成。该祠体量大，用材大，做工精，汇集了砖、木、石三雕工艺，技艺精湛，是典型的徽派古祠堂之一。

溥公祠，原名“六分祠”。始建于明，清代几经修缮。坐东朝西，面阔五间，前、中、后三进，两天井，总建筑面积892平方米。由门楼、廊庑、享堂、寝楼组成。雕刻精妙，具有很高的观赏、研究价值。

孝子祠，“全称明孝子江文昌公祠”，坐北朝南，在老街的西侧，建于明嘉靖十四年（1535年），清光绪二十七年（1901年）改建成祠。因原为民宅，故祠的建筑布局呈民宅风格，面阔三开间，前、中、后三进，总建筑面积503平方米。祠由石库大门、门厅、廊庑、正厅、寝楼组成。

父子进士坊，均为二柱单间三楼式石构建筑，通高8米，宽3.8米。江汉坊（父坊）居南，建于明弘治初年（1488年）；江文敏坊（子坊）居北，建于明弘治十八年（1505年）。两坊相隔50米，占地22平方米。牌坊用清一色的细花岗岩石雕凿而成。两根立柱、两根额枋、一块花板、一根定磐枋、四大靠背石及斗栱撑起的三楼顶，雕刻技艺精妙绝伦。

茂承堂，始建于明，为江村现存古民居规模最大者。坐西北朝东南，前、中、后三进，共有大小天井八个，总建筑面积873平方米。由门厅、大门、前天井、中进、后天井、后进组成。该宅的砖雕、中进前金柱石柱础雕刻及木雕

文昌塔与聚秀湖

江村全景

构件等，都有很高的艺术水准。

聚秀湖是江村的水口，水面面积6500平方米，明代成化、弘治年间（1465～1488年）挖掘成湖。湖的南岸呈半环形，北岸基本平直，在聚秀湖的两侧，有狮、象两山护卫，形成山环水绕、聚风敛气的风水格局。

江村古建筑群不仅具有皖南古村落的共性特征，还由于江氏家族历史的辉煌，促使村落的文化个性突出，具有真实性、客观性、可读性和生动性，是研究旌德县传统建筑、地方文化不可多得的宝贵资料。

江村古建筑群2006年由国务院公布为第六批全国重点文物保护单位。

进修堂内景

父子进士坊

笃修堂外景

笃修堂内景

黯然别墅二楼

江冬秀故居

黄田村古建筑群

黄田村古建筑群位于泾县榔桥镇黄田村。始建于宋，现存建筑均为清代所建。黄田村村似船形，东依黄山，南临凤子河，共有古建筑五十六处，单体建筑一百三十五栋，总建筑面积约33058平方米，均保存完好。村中河岸和道路均以石块砌筑，河上架设石桥十余座。村中巷道平直，明沟暗渠相连，活水穿村西流，排水通畅。村中建筑以家庙、住宅和书院、书舍为主，建筑上施以木雕、石雕和砖雕，题材丰富，雕刻精美。主要建筑有洋船屋（笃诚堂）、思慎堂、聚星堂、旗峰公家庙、敬修堂、崇德堂、思永堂以及水口的东新桥等。

洋船屋又名笃诚堂，建于道光初年（1821年），占地4200余平方米。围墙及屋体皆仿轮船形状依地势而筑，因其外形酷似洋船而得名。洋船屋内有二十栋房屋，还有敞厅、陪厅、梅村家塾、花园、门房、马房等等。整个建筑内部结构十分宜于封

黄田村全景

思慎堂外景

旗峰公家庙

洋船屋门景

洋船屋“后甲板”

洋船屋全景

建大家庭起居、饮食、祭祖、读书、休息等多种功能的要求，外观上又巧妙地利用溪水和山势，建成总体外形上类似大客轮的建筑群体。

思慎堂，又名紫盛堂，建于清乾隆年间（1736～1795年）。坐北朝南，占地面积5750平方米，建筑面积3700平方米，四座并列的正屋均为前有长方形大院、两侧各有一座边屋，构成四合院式的庭院。正屋与边屋都是一字前墙，水磨花砖门墙，麻石门坊。还另有“乐善好施”牌坊一座。

旗峰公家庙，又名敦睦堂。建于清乾隆至嘉庆年间（1736～1820年）。坐北朝南，砖木结构，建筑面积500平方米。水磨花砖门墙，白石门坊，以后依次为大门、门厅、天井、正厅、两厢楼、整个建筑物内的梁柱门窗都施朱红油漆。右边本立堂敞厅，一进三开间，坐北朝南，建筑面积192平方米。大门两侧各有厢房、天井。左边敬修堂，一进五开间，前后两进。建筑面积317平方米，递次为天井、堂厅、正房。

聚星堂，建于清雍正至乾隆初年(1723～1750年)。坐北朝南，建筑面积为1300平方米。花砖门墙，麻石门坊。门内有门厅、天井、堂厅。堂厅两边各有三间正房，走廊两端还有两个约4平方米的小板楼。门墙内外均为花砖贴面，麻石门坊。门坊内侧有小姐楼，递次为天井、堂厅、正房。

凤子河与朱子典故宅

聚星堂小姐楼

思永堂，是一组建筑群，中间三座大屋并列，两边各有配屋和边屋数栋，坐北朝南。占地7000多平方米，屋前有大院，大门前有旗杆斗和旗杆夹各四个。大门内凹，内外花砖面墙和望板花砖，花岗岩门坊。屋内有前厅、天井、堂厅和两边正房，再为二进堂厅。

黄田村古建筑群在建筑设计和营造上集清代建筑艺术、技术之大成，体现了典型的“儒商”文化，也是古代皖南民居建筑精品的代表作。

黄田村古建筑群2006年由国务院公布为第六批全国重点文物保护单位。

思永堂外景

黄田村水口东新桥

新四军军部旧址

新四军军部旧址，位于皖南泾县城西25公里的云岭地区。云岭是黄山的余脉，在云岭与四顾山之间，形成了一条东西长15公里的山冲，其间分布有罗里村、汤村、高岭村、新村、南堡村、章家渡、中村等三十多个自然村庄。1938年7月1日，新四军军部进驻云岭地区后，军部司令部及其下设机构政治部、大会堂就设在以罗里村为中心的许多村庄里。至1941年1月4日撤离，新四军军部在云岭三年之久。新四军军长叶挺有诗赞曰："云中美人雾里山，立马悬崖君试看。千里江淮任驰骋，飞渡大江换人间。"新四军军部驻扎于此的时期，指挥新四军各纵队在大江南北和华中地区的抗日战场，进行了1340多次战斗，歼灭日伪军132万多人。

1937年12月，根据国共两党的协议，我党在湖北汉口组建了新四军军部。1938年1月在江西南昌正式成立新四军，由北伐名将叶挺任军长、项英为副军长，张云逸、周子昆为正、副参谋长，袁国平、邓子恢为政治部正、副主任。同年2月，军部移至安徽皖南歙县岩寺，完成了全军集中整编的任务。5月，军部又移至南陵土塘村，7月进驻云岭。

当年军部包括司令部、政治部、教导总队、战地服务团以及有关后勤单位分设在云岭地区的罗里、南堡、中村等十三个自然村内，共计有房屋130多幢，现有7处。

新四军军部战地服务团旧址

它们分别是：

司令部旧址，位于罗里村。原系两座建于清末的地主庄园（名“种墨园”和“大夫第”），由71间平房、1栋楼房和1座小花园组成，面积1381平方米。军长叶挺、副军长项英以及周子昆、李一氓(军部秘书长)在此办公居住。同时还有参谋处、秘书处、作战科等机构。1939年2月，中共中央副主席周恩来到此视察，即住在“种墨园”内。

政治部旧址，位于汤村，是清末三间两厢双进的套居民房，面积255平方米。前进两厢为政治部秘书长黄诚及工作人员的办公、居住区；后进的两厢分别为袁国平、邓子恢的办公室兼居室。

军部大礼堂旧址，位于云岭村陈氏宗祠。分前中后三大厅，总面积2200平方米，是军部召开重要大会、展示战利品、军民联欢和开展娱乐活动的场所。前厅木质舞台系新四军修建。1939年周恩来视察新四军时，曾在此给新四军指战员作过政治报告。

修械所旧址，位于大礼堂东300米处。系明万历年间的关帝殿，总面积822平方米，砖木结构，保存完好。大殿前的花戏楼，造型美观，多饰砖木雕刻，艺术精湛。修械所为小河口兵工厂的分支机构，负责修理各种枪炮子弹。“党的好儿子”吴运铎在此工作过。目前殿内墙上尚保留多处当年的标语，清晰可见。

战地服务团俱乐部旧址，位于新村，系清光绪年间建造的陈氏新村尚文厅，五

新四军司令部旧址种墨园

中共中央东南局旧址

间两厢民居，面积414平方米。门前有“佑启人文”石额。1938年冬俱乐部设此。

中共中央东南局，位于丁家山祠堂，曾山、饶漱石等在此办公居住。

教导总队，位于中村一幢民宅，由内院、门厅、五间两厢组成。

叶挺桥，位于罗里村东一里的叶子河上。1938年冬，叶挺军长为方便群众亲自设计并率军民合力修建的木质栏板桥。桥长2丈，宽6尺。上书叶挺亲笔题词“军民合作，抗战到底”。当地群众为纪念叶挺将其命名为“叶挺桥”。

另外，战地服务团旧址在新村、总兵站旧址在章家渡渡口、《抗敌报》社印刷所旧址在李家村。

新四军军部旧址1961年由国务院公布为第一批全国重点文物保护单位。

附 录

安徽省全国重点文物保护单位
分 类 名 录

一、古 遗 址

名 称	地 点	时 代	批 次	公布时间
人字洞遗址	繁昌县	旧石器时代	第六批	2006.5
陈山遗址	宣城市宣州区	旧石器时代	第五批	2001.6
和县猿人遗址	和县	旧石器时代	第三批	1988.1
薛家岗遗址	潜山县	新石器时代	第四批	1996.11
凌家滩遗址	含山县	新石器时代	第五批	2001.6
尉迟寺遗址	蒙城县	新石器时代	第五批	2001.6
大工山—凤凰山铜矿遗址	南陵县、铜陵市	西周～宋	第四批	1996.11
寿春城遗址	寿县	战国	第五批	2001.6
临涣城址	濉溪县	战国	第六批	2006.5
寿州窑遗址	淮南市上窑镇	南朝至唐	第五批	2001.6
柳孜运河码头遗址	濉溪县	唐至宋	第五批	2001.6
繁昌窑遗址	繁昌县	宋	第五批	2001.6
明中都皇故城及皇陵石刻	凤阳县	明	第二批	1982.2

六、合并项目

名称	地点	时代	批次	公布时间
明中都城附属建筑	凤阳县	明	第六批	2006.6 归入明中都皇故城及皇陵石刻
独山和金寨革命旧址群	六安市（金安区）、金寨县	1929～1934年	第六批	2006.6 归入鄂豫皖革命根据地旧址

编后记

在经过连续一个多月紧紧张张的组稿、编写之后，《江淮遗珍——安徽省全国重点文物保护单位巡礼》一书，终于赶在2007年6月9日第二个“中国文化遗产日”之前出版了。完成了安徽省文化厅2007年关于文化遗产日宣传活动安排中的一项具体任务，这让我们有幸参与其事的许多同志轻轻地松了一口气。

安徽是我国文物资源大省之一，历史悠久，文化发达，全省各地至今尚保存数以万计的各种不可移动物质文化遗产，是建设社会主义“三个文明”伟大事业不可或缺的珍贵资源，是丰富和满足广大人民群众日益增长的对高品质精神文化需求的重要宝库，是建设和呵护人们精神家园亟待开掘的文化源泉。文化遗产本身所拥有的显性与隐性的巨大价值和现实意义，值得我们进一步地宣传、弘扬和发掘，这也是我省从事文化遗产保护、管理工作的人们引为自豪并且长年累月艰苦坚守，甘于寂寞的原因所在。文物事业需要宣传，各种文化遗产也需要传播、研究乃至于揭示其文化价值与内涵，以便让更多的人们，更多的相关部门了解、理解并支持文化遗产的保护工作，自觉地参与到保护文物、发展我省文物事业的工作中来。从文物宣传的形式而言，文物出版和文物展览以及文物旅游一样，都是传播文物知识、丰富人们精神文化生活最主要的手段，而且从文化传播的角度来说，文物出版更是文化积累、文明传播最重要的形式之一，因而值得各级党政领导和相关部门予以高度重视。

安徽省文物局的历任领导都一直比较关注文物图书的出版工作。自20世纪80年代以来，我们先后出版了《中国名胜辞典（安徽分册）》、《安徽著名文物古迹》、《安徽省志 · 文物志》、《安徽省出土玉器精粹》等图书，对有效宣传安徽文物工作，传播普及科学文化起到了积极作用。陈建国同志2006年秋受命到安徽省文物局履新以后，十分重视文物宣传和图书出版工作，主动建议编辑一本安徽省的全国重点文物保护单位图录，又指示与《安徽日报》协商，在报纸上开辟《安徽国保（宝）巡礼》专栏，向社会各界宣传我省的重要文物资源，以争取方方面面的关注与支持。编辑《江淮遗珍》一书的计划因此被列入局领导的工作议程，并得到局长办公会议的一致同意。今年是国务院确定设立“中国文化遗产日”的第二个年头，为了开展好文化遗产日的宣传活动，省文化厅厅长杨果、副厅长李修松非常重视，同意把编辑《江淮遗珍》作为一项任务列入工作计划，下发了专门文件，并担任顾问之职。省文物局综合处作为牵头部门，在接受编书任务之后，于3月6日专门起草了策划方案。为了便于广大读者阅读，我们改变了以往的按文物类型编排出书的习惯，采取按市级行政区划的顺序编排，使各市的国保单位一目了然。随即落实了写作人员，做了明确分工，各位作者在承担完成众多日常工作之余，开始了加班加点的编写实施。

这是一次成功的合作和练兵活动。

由于我省过去出版的文物图书较少，涉及的一些国保资料不易查找；也由于各位作者都是利用业余时间写作，在时间紧、任务重、条件缺的情况下，参与编写的同志们尽最大限度地开发各自潜能：王莉明同志负责近现代重要史迹及代表性建筑部分，她克服身体有病的困难，搜集了大量资料，反复斟酌文字内容；杨益峰、程蓓同志负责古建筑部分，为了写出皖南古建筑的特色，他们查阅了众多文献；张宏明、方林、钟向群同志负责古遗址、古墓葬、石窟寺及石刻部分，对每个条目的设计、体例、结构做了反复推敲，尤其是钟向群同志除了完成个人承担的条目外，还做了大量的文字输入工作。承担写作任务的各位同志克服困难，都按时完成了各自的文稿，最后由张宏明同志统一修改、润色、审定。通过这次合作和练兵活动，大家不仅得到了一次锻炼，也为今后编辑出版更多、更优质的文物图书，打下了一个扎实的基础。

最后，还要特别提到的是，我们要感谢文物出版社领导的大力支持以及责任编辑姚敏苏和李莉同志的无私帮助。扬州博物馆摄影师王晓涛先生应邀专程来皖协助拍摄了第六批全国重点文物保护单位的大部分图片；出版社克服出版时间紧迫的困难，按时出版了《江淮遗珍》，这些都是令人十分感动并需要予以诚挚感谢的。

张宏明

2006年5月10日